组织中员工进谏与沉默行为研究

王淑红 著

WUHAN UNIVERSITY PRESS
武汉大学出版社

图书在版编目(CIP)数据

组织中员工进谏与沉默行为研究/王淑红著．—武汉：武汉大学出版社，2016.12
ISBN 978-7-307-18916-4

Ⅰ.组…　Ⅱ.王…　Ⅲ.职工—组织行为学—研究　Ⅳ.C936

中国版本图书馆 CIP 数据核字(2016)第 307998 号

责任编辑:陈　红　　责任校对:李孟潇　　版式设计:马　佳

出版发行: **武汉大学出版社**　(430072　武昌　珞珈山)
(电子邮件: cbs22@whu.edu.cn　网址: www.wdp.com.cn)
印刷: 虎彩印艺股份有限公司
开本: 720×1000　1/16　印张:11.75　字数:169 千字　插页:1
版次: 2016 年 12 月第 1 版　2016 年 12 月第 1 次印刷
ISBN 978-7-307-18916-4　定价:30.00 元

前　　言

在经济全球化、文化多元化和信息网络化的发展趋势下，企业经营环境不确定性增加，市场竞争更加激烈，战略决策更具挑战。企业要增强环境适应性，寻求持续发展，就必须深入了解企业所处的环境，深刻洞悉企业发展过程中出现的问题，做出符合市场环境和企业发展的战略决策。毫无疑问，企业高层战略决策制定者在分析行业发展现状、解决经营决策问题等方面贡献了巨大的管理智慧。但是，在管理过程中，是否只用重视高层战略决策制定者的意见和声音？员工相对高层战略决策制定者而言更接近顾客，处于业务一线，往往能比高层管理者更早地发现工作中的问题，也更了解该如何加以解决，为企业发展提出更加合理、恰当的建议。因此，我们不应该忽视员工群体在企业中发现问题、积极提出建议的举措对企业发展和成功的巨大价值。如果员工能够积极地参与到决策中，及时向管理者反映问题，并针对相关问题提出具有建设性的意见，那么企业才能更好地集聚智慧，做出正确的决策，解决企业面临的现实问题，实现企业发展目标。

由此可见，在这样的大环境下，员工提出的意见或建议将在很大程度上决定组织的未来发展和兴衰。因此为了组织的发展，管理者希望员工能够积极进谏，然而现实情况却不尽如人意，大多数员工不愿意或者不敢表达自己的真实想法。尤其是在强调中庸和人际关系的中国，员工沉默的现象更为普遍，员工明明认识到组织中存在某方面的潜在问题，而且知道如果该问题得到改进将有利于组织的发展，但是员工却选择了沉默。员工的沉默使得组织失去了持续改进的原动力，逐渐丧失竞争优势，更有甚者会进入慢性死亡。这种现象引起了众多学者的深思。

通过阅读国内外相关文献和书籍，发现导致这种现象的原因是多方面的，其中包括组织环境、领导风格、个人特质等。除此之外，通过对员工进谏行为和员工沉默行为进行深度的对比分析研究，发现两种行为存在一定的共性，由于某个影响因素的高低程度不同可能会导致员工完全不同的行为，但两者并不是简单的对立关系，并不是同一维度的两极表现。

理论的价值不在于理论本身，而在于其实际应用，只有在实际运用中产生了显著效果，才能实现其特有的价值。理论通常是说明一般问题，而现实总是十分具体的，因而理论很难与现实“对号入座”。所以，要想完成理论到实践的转化，还必须研究实现的途径。本书从个人层面、领导层面以及组织层面详细地探讨了各种因素怎样影响员工进谏行为和员工沉默行为，尤其是论述了不同的领导风格对进谏行为和沉默行为的影响，对现实中的企业管理具有指导性意义。除此之外，本书还通过具体的实证研究探讨了家长式领导对员工进谏行为的影响以及上下级关系对员工沉默行为的影响，家长式领导对员工进谏行为的影响研究是立足于中国的家长式领导风格所进行的分析，这对指导我国家族式企业更好地管理员工进谏行为有积极的指导意义。与此同时，其他类型的领导风格也可以从中发现共性，进而指导企业对员工进谏行为进行有效管理；上下级关系对员工沉默行为的影响研究是基于中国特殊的上下级关系来讨论领导与员工之间的关系对员工沉默行为的影响。对于指导企业上下级关系建构，对员工沉默行为的管理都有重大意义。以上两个研究可以使读者理解影响员工进谏行为和员工沉默行为的一种前因变量，对于深刻理解员工进谏行为和员工沉默行为有一定的指导意义。

本书涵盖了有关员工进谏行为和沉默行为的目前比较权威的研究以及有价值的结论，希望这些内容对帮助企业更好地来管理员工进谏行为和员工沉默行为具有积极的指导作用。在本书写作过程中，参阅和引用了国内外许多专家学者的著作和研究成果，在此表示衷心感谢。与此同时，还要借此机会感谢所有支持我们工作和学习的老师、同学、同事和朋友们。感谢我的学生谭芳、曾朝霞、汤林涛、秦帅、蔡欣、王玉同以及刘欢在本书写作过程中的参与和努力。与此同时，还要感谢武汉大学出版社对本书出版的支持，以及范绪泉博士和沈岑砚编辑的辛苦工作！

由于本人才疏学浅，时间有限，在写作过程中错误和疏忽之处在所难免，恳请各位读者批评指正！

王淑红

2016 年 9 月 9 日

目　　录

第一章　员工进谏行为

第一节　员工进谏行为的概念、维度与测量

一、概念

1970年，Hirschman对进谏行为（voice behavior）进行了开创性的研究，他在著作*Exit, Voice and Loyalty*中提出了EVL模型，指出员工面对工作现状不满时会出现离职（exit）、进谏（voice）或忠诚（loyalty）三种不同反应。其中，进谏行为指员工尝试各种努力去改变现状而不是逃离令人反感的组织情境。在该模型中，还探讨了忠诚与离职、进谏行为之间的关系，随着忠诚度的增加，员工的离职倾向可能会降低，而进谏意愿会随之增加。后来Rusbult等学者（1988）在Hirschman研究的基础上提出了EVLN模型，认为员工在对工作感到不满的情况下还有另一个反应，就是对工作漠不关心，忽视那些令自己不满的问题，甚至采用迟到、旷工等消极态度来对待，即忽视（neglect）。他们扩展了进谏行为的内涵，认为进谏行为蕴含员工为了改善现有工作环境而做出的努力，在这四种行为中，进谏行为对组织最有利，也只有它是积极且具有建设性的。Gordon等（1998）对进谏行为的概念定义与Rusbult等（1988）有类似的思路，他们认为进谏行为是强调建设性意见表达的积极行为。这个阶段的研究主要将进谏行为看作员工面对工作不满和组织存在问题时的一种积极行为，是相对于离职而言的，并没有脱离模型对其进行独立研究。现有的文献中，对员工的进谏有不同的命名，常见的有进谏、谏言、建言三种，本书将统一使用

“进谏”来进行论述。

自 Organ（1983）提出组织公民行为后，学者们开始从组织公民行为的角度来研究进谏行为。

Van Dyne 等（1998）将进谏行为定义为员工挑战权威，为改变现状提供建设性意见的一种自由决定的主动行为。Motowildo 等（1997）认为，进谏行为是指以改善环境为目的，以变化为导向，富有建设性的交流行为。这些行为主要包括为组织提供建设性意见，如怎样使组织状况得到改善、本部门其他员工如何开展工作，以及说服同事接受组织的观念、意见和指示等。Jeffrey 和 Linn（1998）研究证实，组织中的员工能够认识到进谏行为的存在并区分它和助人行为之间的区别，并认为上级会对进谏行为给予奖励，因此进谏行为也被列入个人工作绩效之中。进谏行为的目的在于改进，因而它不等同于简单的批评行为，短期内它有可能会导致人际冲突，所谓忠言逆耳；其次进谏行为不同于助人行为，助人行为不会破坏人际关系而是有助于发展人际关系；最后进谏行为不同于抱怨，抱怨仅仅是一种发泄而不具有改进目的的行为。Van Dyne 和 LePine（2001）指出员工进谏是种富含挑战、改进导向的组织公民行为。

之后随着研究的深入，学者们不断对进谏行为的概念进行修订与完善。Van Dyne，Ang 和 Botero（2003）认为进谏行为是基于合作动机，表达与工作有关的想法、建议和观点的行为。与之前最大的不同是他们从进谏行为的动机角度去界定，而以往的概念是从进谏行为的目的和形式去定义，更为重要的是他们将进谏行为看作组织公民行为的一种具体形式。Premeaus 和 Bedeian（2003）把进谏行为定义为：员工针对工作场所中出现的问题公开发表自己的观点，既包括对他人行为或观点的见解，也包括解决与工作相关问题的方法。Detert 和 Burris（2007）结合前人研究，将进谏行为定义为：员工自行提出意在改善组织运作的信息，即使这种信息会挑战组织管理者的权威或地位，因为这些员工认为进谏行为带来的利益大于潜在风险。

此外，国内学者也对进谏行为进行了定义。王二博和赵国祥

(2007) 认为进谏行为是组织中的员工以改进工作流程、解决组织中遇到的难题、改善组织现状、减少决策失误为目的，而主动向上级领导提出建设性的建议或指出缺点错误的一种角色外的人际交流行为。

综上所述，不同的学者从不同的角度对进谏行为进行界定，虽然没有统一的概念，但是在一些看法上达成共识。具体如下：

(1) 进谏行为是一种角色外行为。组织的规章制度没有硬性要求员工必须履行这种行为，它不在员工的工作范围内，没有直接与薪酬奖励制度相挂钩，不进谏也不会受到组织的惩罚。

(2) 进谏行为的最终目标是为了改善组织绩效。进谏行为不同于抱怨、批评行为，它的出发点是为了改善现状、提高绩效，而不是发泄不满情绪。

(3) 进谏行为蕴含一定的风险性。进谏行为与其他组织公民行为（如助人行为）不同，它通常包含对现状显性或隐性的批评，常被看作对权威和既得利益的挑战，易引起误会和造成人际关系的紧张，甚至使员工个人形象受损；因此员工进谏与否会经过一番权衡，只有当潜在收益大于潜在风险时，才会产生进谏行为。

二、维度

进谏行为并不是简单的单维构念，它是由多维构成的。不同的学者根据自己的研究需要对其进行划分，目前，对这一问题的看法还没有达成统一。根据现有的进谏行为的研究来看，进谏行为的维度主要是从动机、目的、对象以及个人心理需要等方面来进行划分的。

（一）根据进谏行为的动机划分维度

Van Dyne 等（2003）首次提出了进谏行为的多维概念，进一步将其定义为："员工有意表达与工作相关的想法、信息和观点。"基于性质和目的将进谏分为社会型进谏（prosocial voice）、防御型进谏（defensive voice）和默许型进谏（acquiescent voice）。亲社会型进谏是员工积极主动地表达有益于组织的建议，防御型进谏则是出于自我保护的目的而主动发表相关看法，但却不一定有益于组织，默许型进谏则是认为即使说出自己真实的想法也不会有什么改变，因此消极地表达赞同的观点，下面分别详细地介绍这三种进谏。

（1）亲社会型进谏是基于合作的动机来表达与工作相关的想法、信息或者观点。该类型的进谏行为是有意的、积极的。亲社会型进谏是一种自由决定的行为，不能由组织所要求，其主要关注点是有益于他人。由于它涉及了个人风险，因此能够积极主动地向组织提出建议和看法是一种高尚的组织公民行为。当前大多数组织中的员工（尤其是那些拥有权力的员工）更乐意把维持现状作为他们适应事务的方式。

（2）防御型进谏与亲社会型进谏是截然不同的。我们可以用动机来对这两种类型的进谏进行区分，亲社会型进谏是基于合作或者其他方面的，例如利他主义，而防御型进谏是为了自我保护的，它是为自身安全，作出决策，其目的是为了避免承担个人责任以及把失败归因于外在的因素。因此，如果员工担心惩罚性的后果，他们通常会通过防御型行为来保护自己，例如通过防御型进谏试图将关注点或者责任推卸给其他人。类似的，有学者证实了当个人感觉到威胁时，他们进行进谏时将会运用借口、理由和免责声明多种手段来进行自我保护。因此进谏在一定程度上可以通过一系列的防守型交流来保护自己，例如，通过提出与其他主题相关的看法进而将关注点转向其他人。在这些行为背后统一的关键因素就是为了使自己远离不理想的结果而保护自己。基于这些因素，我们将防御型进谏定义为表达与工作相关的想法、信息以及观点，但是基于害怕，以保护自己为目的的进谏。除此之外，防御型进谏还包括员工通过强调解释或者借口来使别人信任他的成就，或者将工作的问题归咎于其他人。

（3）默许型进谏是基于顺从的动机，具体来讲该类型的进谏行为是基于顺从的感觉对与工作相关的想法、信息和观点的口头表述。默许型进谏是一种闲散的行为，这种行为是基于进谏者自身认为自己无法提出与他人不同的想法和意见。因此，它虽然能够达成一致的意见或者支持，但是这种一致的意见，并不会产生任何有意义的改变。与亲社会型进谏和防御型进谏类似，默许型进谏也是基于对工作有关的想法、信息和观点的有意表达，但是该类型的进谏行为是一种相对消极的行为。

现有的文献中存在两个典型例子。艾比林矛盾（abilene paradox）中描述了这样的情景，成员之间没有通过交流就达成了一致的意见。在艾比林矛盾的案例中，任何一个人都不愿意开车去53英里之外的艾比林，但是没有一个人愿意讲出来并承认自己不想去这个地方，当他们从艾比林回来后，每个人都非常沮丧，他们都在试图将这个糟糕的旅行归咎于其他人。该案例的本质是每个人妥协和失败的沟通造成了这些人去做了他们都不喜欢做的事情。第二个与默许型进谏相关的例子是多元化无知效应（pluralistic ignorance effect），尽管多元化无知最初是在集团层面定义的，它的内涵与默许型进谏是相似的，即使每个人都认为他们自己的见解是独一无二的，他们也会更倾向于同意他人的观点。多元化无知与默许型进谏是类似的，这是因为个体表述的是大家一致的意见而不是他们自己的想法，小组成员是基于错误的假设和信息作出的决策。具体的案例是员工对管理层的提议自动地支持，尽管他们有相关的知识，可以发现提议的问题，但是最终会与大家保持一致，这是由于对进谏的低自我效能导致员工感觉自己对结果无能为力。

（二）根据进谏行为提出的目的划分维度

Liang等（2012）提出促进型进谏（promotive voice）和抑制型进谏（prohibitive voice），促进型进谏是未来导向，指员工提出创新性的建议使得组织或者团队的绩效变得更好；抑制型进谏既是过去导向也是未来导向，指员工指出组织存在的已经损害或有可能损害组织或团体利益的问题。这两种类型的进谏都是员工自发的、未被正式要求和规定的角色外行为，符合组织的利益并具有重要的作用，下面分别论述两种进谏的含义以及两者之间的关系。

促进型进谏定义是员工表达新观点或提出改进工作单元和组

织功能的建议。由于它伴随着为改进而提出的创新性的解决方案和建议，因此，促进型进谏关注于一个理想的状态，即应该是怎样。相对而言，抑制型进谏描述了员工表达对可能对组织有害的工作实践、事件和行为的担忧，抑制型进谏对组织健康具有重要作用。因为预警信息会提前将未发觉的问题摆到议事日程上解决或防止问题爆发。在某些组织中，抑制型进谏可能比促进型进谏的影响更大，因为提出创新的观念和解决办法需要大量的时间和努力，这对于处在高速发展环境中的组织而言是奢侈品。相较而言，抑制型进谏是为了阻止破坏因素，从而及时地避免了对组织造成的负面影响。

因为两种进谏行为都是挑战现状，并从组织的利益出发，因此他们属于 Van Dyne（2003）定义的概念范围中，然而这两种进谏行为是有差异的。

首先，内容不同。促进性进谏和抑制性进谏区分了两类不同的进谏行为，前者关注于实现理想化的新想法，而后者关注于阻止或防止破坏的想法。由于促进型进谏行为关注如何把事情做好，因而是未来导向的；而抑制型进谏行为是为了使他人注意到对组织造成危害的或有潜在危害的因素（例如合作中存在的问题，导致低效率的流程），因此是过去和未来导向的。其次，两类进谏的功能不同。促进型进谏指向组织如何更有效工作的方式，而抑制型进谏则指向对组织造成危害或潜在危害的因素，并且不一定提出清晰明确的解决方案。第三，这两类进谏对他人有不同的含义。促进型进谏的创新可能会给利益相关者造成短期内的不方便，但由于是为了进行改进，因此会在长期内有利于整个组织，相对而言，抑制型进谏引起人们对破坏因素的关注，这就意味着有员工没有承担好自己的责任，由此可见，抑制型进谏可能会诱发冲突，并给同事、上级造成消极情绪，破坏工作场所的人际和谐。由于这两种进谏对他人有不同的影响，因此在利益相关者看来，促进型进谏和抑制型进谏是完全不同的两类行为。

除此之外，抑制型进谏不同于组织中其他形式的抑制型表达，例如组织原则性异议、告密。虽然告密也是号召对组织实践的关注，但抑制型进谏与这两类行为的最大区别在于动机是为了帮助组织而不是出于对个人道德规范的冒犯或违反法律法规。

（三）根据进谏的对象划分维度

Liu，Zhu 和 Yang（2010）将进谏行为分为面向上级的进谏（speak up）和面向同事的进谏（speak out）。由于进谏行为的挑战导向和存在一定的风险，因此向谁进谏对员工来说至关重要，也就是说进谏行为因对象不同而不同。现有的很多文献已经印证进谏行为是具有目标敏感性的，员工在面向上司和面向同事的进谏行为是不同的，进谏行为的成本和收益与员工向谁进谏是有关系的。

（四）根据个体进谏的反应方式划分维度

Hagedoorn 和 Van Yperen（1999）把进谏行为划分为关怀型进谏行为（considerate voice）和侵犯型进谏行为（aggressive voice）。关怀型进谏是指员工出于对自己或者组织的考虑来试图解决问题，而侵犯型进谏行为是指员工只是单单考虑到自己获得胜利而没有考虑到组织的利益。

（五）根据个体心理需要划分维度

段锦云和凌斌（2011）基于中国文化的背景，根据个体心理需要将进谏行为分为顾全大局式进谏和自我冒进式进谏。顾全大局式进谏主要表现为在进谏时能充分考虑各方利益，委婉地表达建议，提供充分的理由进谏以及必要时能顾及上司的感受而做出退让等。该种进谏类型更多以系列分析的思维方式进行，它较为安全，同时也反映了员工个体在与整体情境的同一和谐性上的追求（即基于 O 动机）。而自我冒进式进谏表现为进谏时主要从自身或本部门的角度看待问题，当面直接地提出建议，不会过多分析问题和考虑他人的感受，不易妥协。此类进谏反映了人的便捷启发的思维特征，它带有风险性，也体现了员工个体在突出和拔高自我上的追求（即基于 S 动机）。

三、测量

目前的研究测量进谏行为的方法多种多样，使用更多的是自陈量表而不是实际观察到的真实的数量和频率。以下是现有的进谏行为相关量表：

Janssen（1998）等构建的进谏行为量表，该量表包含 8 个项目，把进谏行为作为单一维度，主要用于测量警员在工作不满意时的进谏行为。但该量表只适用于警察的进谏行为研究。

LePine 和 Van Dyne（1998）基于角色外行为视角的进谏行为模型测量编制进谏行为量表，将依据进谏行为的对象分为面向上级的进谏（speak up）和面向同事的进谏（speak out）。该量表包含有 6 个项目，采用了 7 点李克特量表。代表题项为："特殊的搭档对有关问题提出的不同建议是否会影响到团队"。

Hirschman 等人（1999）基于 EVLN 模型进行测量，将进谏行为分为关怀型进谏行为（considerate voice）和侵犯型进谏行为（aggressive voice）。该量表包含 18 个项目，关怀型进谏行为和侵犯型进谏行为分别为 11 个和 7 个项目。代表题项分别为："试图获得上司的理解"；"尽可能地以消极的态度向上司描述问题"。

Van Dyne 等（2003）基于性质和目的将进谏行为分为社会型进谏（prosocial voice）、防御型进谏（defensive voice）和默许型进谏（acquiescent voice）。该量表共包含 15 个题目，每个维度各 5 题，代表题项分别为："员工倾向于表达有利于组织发展的建设性意见"；"员工由于害怕受到惩罚或者承担责任，通过发言将关注点转移到其他员工身上"；"员工倾向于表达一致的意见而很少提出新的观点"。

Liang 等（2012）将进谏行为分为促进型进谏（promotive voice）和抑制型进谏（prohibitive voice）。每个维度包括 5 项题目，总共含有 10 项题目，代表题项分别为："对那些可能影响组织的事件主动提出自己的意见"；"提醒同事减少那些会影响工作表现的行为"。

第二节　员工进谏行为的影响因素

如果要对组织中员工的进谏行为进行有效的管理，就必须清楚有哪些关键的因素会影响员工的进谏行为。只有这样，在出现问题时，才能有的放矢，对症下药。通过对现有的相关文献进行总结，发现影响员工进谏行为的因素可分为个体因素、领导因素以及组织因素。

一、个体因素

（一）个性因素

个性因素的大五分类模型是研究的热点，它的有效性和文化普适性已得到大量研究的证实。“大五”所包涵的五个因素分别是开放性（openness to experience）、责任性（conscientiousness）、外向性（extraversion）、宜人性（agreeableness）和神经质（neuroticism）。每个因素都包含正负两极，取每个因素的第一个英文字母作为简称连在一起正好组成“OCEAN”即“海洋”的意思，这似乎和该分类系统广泛的代表性及含义相一致。

“大五”人格会影响员工的进谏行为，但实证研究结论不完全统一。LePine 和 Van Dyne（2001）的研究表明，外向型气质、对组织富有责任心的员工会表现更多的进谏行为，而那些具有神经质或容易顺从别人意见的员工较少表露自己的意见，因而进谏行为较少。Nikolaou 等（2008）研究表明外向性和宜人性与进谏行为的关系不显著。另外，个体的控制点、自我监测、权力距离导向和自尊等与进谏行为有着显著关系。段锦云、王重鸣、钟建安（2007）研究发现开放性、神经质和宜人性对进谏行为都起着负面的影响，其中开放性的影响达到显著性水平，而责任性和外向性对进谏行为起着正面的影响，且都达到显著性水平。

个性因素对员工进谏行为的影响并非固定不变的，实际上是与情境因素交互对进谏行为产生影响作用。领导-成员交换高的情况下权力距离导向高的个体增加进谏行为，权力距离导向低的个体减少进谏行为；自尊水平低的个体比自尊水平高的个体对情境因素的反应程度更强：当个体自尊水平较低时，团队规模与进谏行为之间的负向关系更强，自我管理模式与进谏行为之间的正向关系更强。

综上，个性因素对员工的进谏行为的影响主要体现为影响员工对情境因素的感知。个性因素的差异使得员工对情境因素的刺激反应存在差异，一些个体更容易受到外部环境的影响，如外控型和自尊较低的个体，他们的进谏行为更取决于情境因素是否传递了安全和有效的信息；而一些个体的行为更多取决于自身的个性，如内控型和自尊高的个体，外部情境对这类个体的进谏行为影响较少。

（二）工作激情

Ho（2011）将工作激情定义为“一种包含认知和情绪因素的工作态度，表现为对工作的强烈爱好和积极投入”。工作激情是员工在对工作的意义、价值等有了清晰认知之后产生的一种工作态度，表现为对工作强烈爱好，积极投入。工作激情的产生是以员工对工作以及组织状况的深刻认知为前提的，这为员工的进谏行为提供了认知上的保障；同时高工作激情的员工有着较高的工作满意度和较低的工作倦怠程度，它带来的积极情绪会使员工享受工作过程。

基于自我认知理论，工作激情和进谏行为是员工对工作的意义和价值等有了深刻认识，并将工作内化为自我的一部分后，引发的态度与行为上的变化。对于高工作激情的个体而言，工作已经不单是谋生的手段或者通往成功的阶梯，而是个体确认自我、实现自我的必由之路。具有高工作激情的个体，更渴望借由工作的成功认可自己，从中获得成就感。进谏行为可以为组织发展出谋划策，为组织绩效的提高贡献力量，同时能展现自身的深谋远虑，实现自身价值，因此，高工作激情的个体更有可能通过实施进谏行为提升个人成就感。此外，具有高工作激情的个体对工作的认知投入度（cognitive engagement）较高。根据角色投资理论（Role Investment Theory），高工作激情的个体在履行“职业人”的角色时，对工作意义认识更深刻，从工作中感受到的快乐更多，因此，更愿意对该角色投入认知资源，包括较高的专注度与注意力。高工作激情的员工具备条件对组织问题进行深入思考，进而发现组织中存在的问题，更有可能为组织的发展提出真知灼见。因而工作激情能够促进员工的进谏行为。

（三）个人权力感

权力是组织中的基础性概念，它几乎渗透在组织中的每一个角落，权力常被理解为是对金钱、信息或决策的控制性（Galinsky, Gruenfeld & Magee, 2003），或对他人思想和行为的影响力（Keltner, Gruenfeld & Anderson, 2003）。权力感（sense of power）是对自己影响他人能力的知觉（Keltner et al., 2003; Anderson, John & Keltner, 2012），它与真实权力之间并不存在直接对应关系（Fast & Chen, 2009）。个体对自己权力大小的看法会形成现实中对他人的影响力，比如认为自己拥有高权力的人会更加有效地行动，这反过来又会增加他们实际的影响力（Bugental & Lewis, 1999）。换句话说，权力感知会影响实际的权力，继而可能对权力相关行为产生影响。权力感与情绪一起会影响组织中员工的行为，特别是那些极具任意性的员工自愿性工作行为（Levine, 2010）

根据权力的情境聚焦理论，权力感增加了聚焦有效线索、减少干扰性的执行控制能力（Guinote, 2007），促进更高水平的自我同一性（Kraus, Chen & Keltner, 2011）；高权力者还会表现出更高水平的支配性、满意度和控制性，并较少受到他人的影响（Dunbar & Abra, 2010）；高权力者可以根据情境来调节加工聚焦，即注意环境中驱动认知的因素（目标、需要、期望、欲望等），同时抑制无关信息的加工（Guinote, 2007）。高权力感知者还会体验到更高水平的竞争需要（Fast, 2009），并认为自己更有义务对组织负责，将组织目标作为驱动认知的因素并聚焦于此。权力还会提高冒险性（Anderson & Galinsky, 2006），自我权力感知会提高对危险感的乐观态度水平，这些行为特征都与进谏行为的特征一致，所以高权力感的员工也应更倾向于做出有利于组织却有一定风险的进谏行为。

员工的权力感越高越有可能做出角色外的主动性工作行为如向上级进谏，这是因为个人权力感高，则预示着个体所拥有的资源多以及对他人产生影响与控制的能力强。有了这些保障，人们更会去从事各种行为，对进谏行为而言尤其如此，因为进谏带有很大的风险性，它的发生条件比亲和性的公民行为要高，当感知个人影响力高时，人们更有可能减轻顾虑进而向上级进谏（Detert & Edmondson，2011）。

（四）自我效能感

自我效能感（perceived self-efficacy）是美国心理学家 Bandura（1977）提出的概念，是指一个人对自己在某一活动领域中的操作能力的主观判断或评价。自我效能感决定个人目标的设置，并对目标行为的努力与坚韧程度，以及行为失败后恢复能力的信心产生直接影响（Robert，W. & Albert，B.，1989）。面对困难或失败时，高自我效能感的个体会投入更多努力去坚持不懈地实现目标。

在进谏行为方面，首先，如果员工把自己的建设性建议和想法告知上级领导，并得到上级领导的重视及鼓励，此后员工的进谏积极性会提高；反之，员工的进谏意愿和积极性就会受到重创，进谏行为会减少。其次，进谏行为也取决于员工对自我工作能力的信心，高信心者会较多地产生进谏行为，低信心者的进谏行为相对较少。而自我效能感正是员工对自身工作能力的一种判断，高自我效能感员工对自身工作能力更有信心，所以会较多向上级汇报自己的看法，即增加进谏行为。最后，进谏是员工参与组织管理的形式之一，进谏行为可以体现员工的主人翁意识，发挥员工的主观能动性，进而提升工作控制感。高自我效能感的员工会比低自我效能感的员工在完成工作任务时有更强的自信，并存在更强地参与组织管理的意愿。所以，在对组织提出建设性意见或建议时，他们很少担心因进谏失败而引起周围人的消极反应。高自我效能感的员工会比低自我效能感的员工更易于向上级提出自己的建设性意见与想法，这表明，进谏行为是个体彰显自身能力的有效途径。因此，员工的自我效能感对其进谏行为具有显著的正向作用。

（五）迎合行为倾向

Valerie Melburg 和 James T. Tedeschi（1984）认为迎合行为是个体为了增强自己在别人心中的吸引力而试图采取的措施，是个体为了获取组织中那些掌控着重要奖赏权的上级领导的认可与嘉许，而采取的一系列策略。Edward E. Jones（1964）和 Curtis Wortman（1973）认为个体的迎合行为主要有两个目的，一个是想公开显露一下自己是多么有能力、多么优秀，另一个目的是想让对方明白他（她）是多么受到自己的欢迎与喜爱。人们通常通过四个途径来实现自己的目的，它们分别是自我表现、拍马屁、观点一致和示惠。

自我表现主要是个体把自己塑造成被大众或特定的其他人所乐于接受的形象。个体主要通过强化自己的正面形象或减弱自己的负面形象来完成对自己形象的塑造。而进谏行为是以改进组织中的一些环节为目的而向上级提出建设性意见的一种行为，这种行为本身就能体现出行为人公正无私、一心为组织着想的品格，还能体现出行为人超强的工作能力。所以，可以看出进谏行为有可能成为具有强自我表现倾向的个体来向大众和上级表现自己品格与能力的一种途径，具有强自我表现倾向的个体也更愿意通过进谏行为来表现自己。观点一致主要是个体通过向上级表达自己与上级有相同的喜好、相同的价值观、对问题相同的看法等来取得上级的认同和喜爱。有这种倾向的个体常常会通过表现自己与上级的观点一致来取得上级的认同，很少会表达与上级不同的观点，当有与上级领导不同观点和想法时通常不会提出，而表现出较少的进谏行为。综上所述，具有强自我表现倾向的员工会表现出较多的进谏行为；强观点一致倾向的员工表现出的进谏行为相对较少。

二、领导因素

（一）与高层领导的关系

领导与下属之间存在亲密的关系，可以在一定程度上说明彼此间的信任感较高，而且领导也倾向于将部属当作“内团体成员”

（in-group member），并会据此给部属提供较多的培训、晋升以及授权等。此外，与领导之间的亲密关系及其所带来的收益通常也能够让部属产生互惠义务感，这种感知是激发部属为所属组织积极“进谏”的关键诱因之一。当前的跨文化研究已经显示，在华人企业的组织情境中，人际互动表面上遵循的是正式身份与工作角色的规范，而事实上，与企业领导“隐而不宣，甚或幽暗不明”的关系才是最重要的主导因素。家族企业领导者通常会将关系亲近的部属归类为自己人，如果这类部属的“进谏”取得了良好的效果，领导会认为这是负责任、有担当的表现，将会进一步增强彼此的信任和情感，部属也会因此获得更多的收益；反之，如果“进谏”没有达到预期的效果，领导者往往也会对此进行积极地归因，对待部属的方式也较为宽容，甚至会大事化小，小事化了。因此，与领导之间的亲密关系，将意味着“进谏”的风险比较小而收益颇多，这也是促使部属实施“进谏”的重要诱因。

（二）领导风格

1. 包容型领导

包容型领导研究始于西方教育学领域。在组织行为研究领域，Nembhard 等（2006）最早提出包容型领导概念，认为包容型领导是愿意倾听员工观点并对员工所做贡献表示肯定的一种领导方式。之后，国内外学者普遍认为，包容型领导是一种关系取向式的领导方式，强调领导者的特质以及领导者与下属的交换关系。Carmeli 等（2007）认为，包容型领导是关系型领导的核心，并将包容型领导风格分为开放性、可获得支持和帮助、易接近性三个维度，验证了在创新任务情境中包容型领导风格与员工投入具有正向关系。

包容型领导考虑员工的心理需求和利益诉求，Hirak 等（2012）研究得出，领导者的包容性与员工的心理安全认知是呈正相关的。包容型领导乐于参与员工工作并且采纳员工建议，对员工工作而言是可利用的，这会使员工感知到领导是可以依赖的，可能会消除其在工作场所中的心理压力，从而使员工不用担心因为自己指出组织运行中存在的问题而得罪上级。此外，包容型领导乐于采纳员工的建议，并且乐于参与到员工对新问题的讨论中，愿意帮助并指导员工，从而促进员工改善组织运行过程的建言行为。因此，包容型领导会促进员工的进谏行为。

2. 变革型领导

变革型领导指的是通过让员工意识到所承担任务的重要意义，激发下属的高层次需要，建立相互信任的氛围，促使下属为了组织的利益牺牲自己的利益，并达到超过原来期望的结果。Bass（1990）研究发现变革型领导包括四个维度：领导魅力、愿景激励、智能激发和个性化关怀（Bass，B. M.，Avolio，B. J.，1989）。李超平和时勘（2005）研究发现变革型领导包括愿景激励、领导魅力、个性化关怀和德行垂范四个维度。

进谏是一种角色外行为，需要员工付出额外的努力，甚至承担一定的风险。变革型领导通过树立愿景和以身作则，使下属接受和认同组织的整体目标，超越个人利益，为组织的事业和目标而努力，将组织的兴衰成败与自己紧密相连。同时，基于自我调节定向理论，上级领导行为能够影响下属的调节定向。变革型领导通过愿景激励、个性化关怀、角色榜样等能够使下属形成促进定向，更加关注工作的积极结果并且对工作中的变化保持开放性，从而表现出积极创新并敢于承担风险。另外，有关员工创造力的研究发现，变革型领导鼓励下属创新，使下属相信自己有能力提出挑战现状的新想法、新观点。可见，上级的变革型领导使得下属愿意而且相信自己有能力建言献策。

3. 伦理型领导

伦理型领导概念在某些方面不同于其他类型的领导理论。与其他领导理论不同的一个方面是，虽然变革型等其他领导风格中也有伦理的组成部分，但是其对伦理的关注仅仅是将伦理作为代表领导风格的一个附属部分；相比而言，伦理型领导概念，在领导的伦理方面，有唯一和明确的重点。伦理型领导者往往倾向于在决策中掌握平衡，考虑自己在行动中的伦理型结果，给员工提供一致的期望，通过组织约束，表现出规范化的行为。伦理型领导与那些对公平和透明性要求较高的领导形成鲜明的对比。伦理型领导概念与其他相关领导理论的另一个区别在于，它不仅强调特质，例如诚信、关怀、公正、守信，同时也引入社会学习理论，强调人们从奖励和惩罚的榜样角色模型中学习。伦理型领导者善于运用交易型的努力（例如，沟通、奖励、惩罚、强调道德标准）和通过示范，影响员工以伦理的和积极的方式行动。通过交换方式（如奖励和惩罚）的道德管理，是伦理型领导区别于其他相似概念（例如，理想化影响、互动正义）的关键。

首先，员工的进谏行为是员工参与管理的一种形式，它使员工可以表达他们的不满，向上传递组织中存在的问题，对组织决策提供建议等（Pyman，2006）。从伦理的角度来看，员工进谏是员工的一种基本的伦理上的权利，因为它满足了人的尊严与自主需要，被公平对待的需要以及自身价值被承认等需要，员工在组织中应享有一定的影响力及话语权。可见，重视员工在组织中的进谏不仅仅对组织绩效有积极的影响，同时也是基于满足组织关键利益相关者需要的考虑。由于伦理型领导的行为是基于伦理标准的，Trevin 等（2003）认为伦理型领导的伦理意识包括了短期与长期的统一，以及重视多个利益相关者的需要和利益等，而根据利益相关者理论，员工当然是组织内部关键的利益相关者之一，因此可以推断伦理型领导在进行管理时也会重视员工的基本权利和需要。其次，伦理型领导强调较高的伦理标准与伦理管理。根据社会学习理论，领导是下属学习的重要榜样之一，伦理型领导主要通过自身的榜样作用，以及双向沟通、强化和决策的方式来影响下属的与伦理有关的行为（Brown，2005）。在大多数的文化背景下，公开说出组织中的问题是一种与伦理价值观有关的行为，即 Brown（2005）所指的规范性的、适当的行为。员工主动报告组织中的问题以改进组织运作，而不计个人得失，实际是员工职业道德的一种体现。因此，伦理型领导可以通过榜样的作用，以及双向沟通、强化等方式，促进下属的这种与伦理有关的进谏行为。

4. 辱虐型领导

辱虐管理的概念最早由美国学者 Bennett J. Tepper 提出，并将其定义为："下属感觉到的管理者持续表现出来的怀有敌意的言语和非言语行为，其中不包括身体类接触行为”（Tepper，B. J.，2000），具体的表现形式有：公开批评嘲弄下属、对待下属语言上粗鲁无礼、不履行对下属的承诺、对下属漠不关心、羞辱或者辱骂下属等。从定义可以看出，辱虐管理实际上是员工感知到的主管的一种持续的、长期的情绪上和心理上的敌意对待，是员工工作压力的主要来源之一（Bies，R. J. & Tripp，T. M.，1998）。已有大量研究表明领导者的辱虐行为（尤其是恶语相向、冷嘲热讽等主动性的直接行为）会影响员工正向的积极行为，如组织公民行为（organizational citizenship behavior）、进谏行为（voice behavior）等，并导致负向的消极行为，如反抗行为（resistance behavior）、攻击性行为（aggressive behavior）、偏差行为（deviant behavior）、主动离职（voluntary turnover）等。

辱虐管理行为一方面会诱发员工消极的心理及行为反应，另一方面也会影响他们的工作态度并降低他们的绩效。如引发下属产生倦怠、紧张、焦虑、抑郁等消极心理反应，以及对领导的各种负面行为反应，包括：反抗行为，如拒绝执行领导的要求；越轨行为，如对主管粗鲁，对同事搞恶作剧；攻击行为；等等。也有研究发现，遭受辱虐管理事件的下属会有严重的不公平感，进而减少组织公民行为等角色外行为。总之，辱虐管理会对员工的心理和行为产生极大冲击，由于这类领导行为的存在，使员工在工作过程中会感觉到恐惧；辱虐管理又会导致员工的组织承诺和工作满意度降低，对于组织的发展显得冷漠。同时，员工因为感觉到领导的不尊重和不信任，出于对进谏效用的考虑而不敢进谏。因此辱虐管理会减少员工的进谏行为。

5. 威权型领导

“威权领导”最早由 Silin（1976）提出。他对我国台湾一家大型家族企业进行了为期一年的研究，发现该企业的老板和经理人充当大家长的角色，运用类似于家长管理家庭成员的方式管理员工，主要表现为教诲行为、专权作风、维持威严与严密控制行为，并认为威权领导的领导效能差。西方学者 Uhl Bien 和 Maslyn（2005）将威权领导看成是一种有问题的、不受欢迎的领导方式。我国学者郑伯埙等（2002）认为威权领导是家长式领导的一个构面，威权领导者是专横的，强调其不容置疑的绝对权威，严格控制下属，要求下属绝对服从，具体包括控制和支配、低估下属能力、建立至高无上的形象及以教诲的方式命令下属等立威行为。

威权领导的专权传递出不希望受到下属挑战和不愿意倾听下属意见的信息，激发了员工在社会化过程中已形成对权威的尊重和害怕（Detert，J. R.，Edmondson，A. C.，2011），增强了员工对进谏风险的评估（傅强，段锦云，田晓明，2012）；同时漠视下属的建议，降低了员工对于进谏效果的评估。威权领导不仅使得员工对提出反对意见和指出现行流程或者实践中的问题心存顾虑，即对抑制型进谏具有显著阻碍作用；而且提出创新性的建议也担心被领导视为挑战其权威，因此也会抑制促进型进谏；但对二者的影响程度存在差异，抑制型进谏由于其挑战现状的特征通常很难受到领导的欢迎和认可，容易被领导错误归因为对其不满和挑战（Burris，E. R.，Detert，J. R.，Romney，A. C.，2013），而威权领导强烈的控制特征使得员工甘冒风险提出现状中问题的可能性更小。威权领导通过削弱下属的变革责任感和组织支持感进而阻碍下属的促进型进谏和抑制型进谏。因此威权领导对下属的促进型进谏行为和抑制型进谏行为具有消极影响，且对抑制型进谏的影响程度大于对促进型进谏的影响程度。

6. 魅力型领导

魅力型领导强调领导者通过自身的人格魅力吸引，使员工愿意将领导价值观内化并愿意服从领导（Conger，J. A.，Kanungo & Rabindra，N.，1988）。张志杰（2011）在我国文化背景下提出魅力型领导的概念内涵，即领导者在工作过程中对员工产生一种感召力，并以此取得下属的信任，让下属愿意接受其领导行为，共同实现组织目标，包括魅力吸引、激励关怀、愿景感召和道德垂范四个维度。首先，魅力型领导强调魅力吸引，在领导过程中通过自身吸引力和感召力影响下属，提高下属的参与度，从而促进员工进谏。已有研究表明，当员工认同领导魅力时，便会以实际行动支持领导实现企业未来规划（Howell，J. M. & Shamir，E.，2005）。其次，魅力型领导注重对下属的激励关怀，通过内在激励与外在激励相结合，最大程度激发员工工作热情与工作投入。员工出于情感回馈将以更多的组织公民行为回报组织，如进谏行为。已有研究证实，魅力型领导对提高员工积极性和主动性具有重要作用（McClelland, D. C. & Boyatzis, R. E., 1982）。领导关心员工，可以强化员工的心理安全感知。再次，魅力型领导通过愿景感召将组织目标与员工利益相统一，使员工在完成企业任务目标过程中实现自我职业生涯规划，激发员工内在工作动力，激励员工为实现自我价值而表达真实想法，促进员工进谏。最后，魅力型领导通过道德垂范，引导员工加强职业道德修养，增强员工的组织承诺，进而促进员工进谏。魅力型领导强调对员工的道德垂范引导，而不是通过权力和制度胁迫员工从事某项任务。Morrison 等（2000）研究发现，员工在工作中的行为会受到领导道德观的影响，领导的道德水平越高，其下属就表现出更多的进谏行为。因此魅力型领导对员工的进谏行为有正向的促进作用。

7. 谦逊型领导

作为一种自下而上（bottom-up）的领导行为模式，谦逊型领导强调领导和下属间的沟通互动、相互学习和提升（Owens & Hekman, 2012）。谦逊型领导能够客观看待表扬和批评，了解自身的缺点和局限；能真正欣赏同事、下属所付出的努力、拥有的能力和优势；能保持开放的心胸，乐于听取意见，具有强烈的学习意愿（Ou et al., 2014）。关于对谦虚领导维度的概括和划分，当今学者主要围绕三个方面来展开。第一，领导者能否客观地看待自身；第二，领导者能否欣赏他人的优点和贡献；第三，领导者能否开放地看待新知识和新看法（Owens et al., 2013）。Owens 和 Hekman（2012）通过对 55 位领导者的深入访谈提出了谦逊领导的三个维度：自知局限（admitting mistakes and limitations）、欣赏他人（spotlighting follower strengths and contributions）和谦虚受教（modeling teachability）。

由于了解自身的缺点和局限，谦逊领导者更愿意把下属纳入团队的管理工作中来，希望下属对自己的工作提供协助和支持（Owens & Hekman, 2012）。另外，谦逊领导者对下属也赋予了更多的欣赏和尊重，下属也更容易消除顾虑向领导表达自己的建议或看法。最后谦虚受教的态度也使谦逊领导者更愿意主动征询下属的意见，期望从下属那里了解组织存在的问题及改进的方法（Morrison et al.，2005）。从员工对领导因素进行社会信息加工的视角来说，领导的行为和态度在员工的组织社会化过程中发挥着重要的影响（Avery et al.，2011）。员工往往需要事先观察领导的言行、揣摩领导的动机，从而决定自己的表达时机和表达内容（Maynes & Podsakoff，2014）。因此，当员工知觉到谦逊领导的员工组织参与期许时，员工也会放下顾虑、顺应领导，来为组织进谏献策。因此，谦逊型领导对员工进谏行为存在正向的影响。

8. 真实型领导

真实型领导理论是由 Luthans 和 Avolio（2003）提出的，是通过不断增强领导者的自我意识、持续提升与员工工作关系的透明度、内化道德观、逐步促进自身及员工积极发展的一种领导风格。首先，由于真实型领导者自我意识强，因此其个人行为与价值观、偏好和需要具有自我一致性。他们不通过虚假取悦他人以获得回报或逃避惩罚，而是清楚地认识自身的优势和弱势，明白自己在决策和解决问题时的局限性。因此，他们鼓励下属员工自我表达，支持自主性、接受非传统和打破常规的想法，接受下属的质疑与挑战。其次，真实型领导者会持续提升与员工工作关系的透明度，进而通过增强团队和组织对核心价值观和道德感的认同，与下属员工建立动态互动的真诚关系（Walumbwa et al.，2008）。他们与下属员工公开分享彼此信息和真实想法，尽量减少双方间的冲突或不正确情绪，消除下属员工进谏的不利因素。再次，真实型领导者推崇促进自身及员工积极发展，因此其对外呈现真实的自我，并能够公正，无偏差地评价任何信息包括下属的表现，不会对个人和外部信息进行否定、扭曲、夸大和过滤（Kernis，2003）。下属员工会增强对真实型领导的信任，自由地分享信息，表达真实的想法和情感。最后，真实型领导具有内化道德观，因而其根据道德标准和内化的价值观而不是群体、组织和社会压力进行决策，强化自身的道德观念，以道德准绳来要求自己。Avolio 和 Gardner（2005）认为真实型领导能通过榜样作用和社会影响过程，用自己的高道德水平、坦诚和正直影响下属的信念和价值观念，因此当组织面临难题和挑战时，组织成员更加注重组织整体利益，忽视自身的利益风险，进而敢于产生能改善组织的进谏行为。

三、组织因素

（一）组织公正

组织公正（organizational justice）从本质上讲，就是资源如何分配的问题，这是一个比较敏感的问题。组织的各种决定、各项措施等是与员工们的利益息息相关的。“我所在的组织是否公正”是员工不断体验和关注的问题，也是员工衡量自己所在的组织是否具有良好发展前景的标准之一。组织公正能够影响员工的主观绩效，影响员工对组织的承诺。可见，组织公正在促进组织有效运作、提高员工的满意度等方面起着至关重要的作用。而员工的进谏行为不是组织对员工行为的明确规定，而是员工的一种角色外行为，其目的主要在于改进组织现状，提升工作效率和减少组织上的决策失误。员工可以选择是否进谏，主要取决于员工个人的态度，而且进谏行为一般不影响到员工的业绩考核和薪酬水平。所以，如果员工在其工作的氛围中更多体验到的是公正，那么就会对组织产生更多的信赖和支持，从而表现出更多的有利于组织发展的角色外行为，包括以改进组织现状为目的的进谏行为。若组织不公正则会带来更多的消极影响，会影响员工的工作情绪，使之产生倦怠，会使员工产生更多的退缩行为，从而难以充分地发挥自己的能力。在组织不公正的情况下，员工可能会体验到不受重视、没有被足够尊重、感觉自己的价值没有完全被承认，因而对组织失去信心与信赖。即便是对组织的发展有建议或意见，也只是选择沉默而不表露，他们会认为他们提出的意见或者指出来的错误不会被接受以及改正。公正感也缓冲了一些个性因素对进谏行为的影响，如神经质，在高公正感条件下，进谏行为随着神经质的提高而减少的程度有所缓和，且高公正感条件比低公正感条件总能促进更多的进谏行为发生。

（二）组织支持感

Eisenberger 等（1986）认为，组织支持感（Perceived Organizational Support，POS）是指员工对所处组织如何看待他们的贡献和关心其幸福感的一般感知。这一概念有两个核心的要点：一是员工对组织是否重视其贡献的感受；二是员工对组织是否关注其幸福感的感受。

研究表明，如果员工对组织内、外社会环境有很好的感知，那么组织支持感必然在一定程度上会影响着员工对组织的看法。此看法也会影响员工的角色认同和工作动机等，从而促进或抑制以变革为导向的员工进谏行为。组织支持感转化为员工进谏动力主要体现在三方面。第一是组织支持感通过一定的态度准备对员工进谏行为产生影响。第二是组织支持感通过其产生的情绪和情感动力对员工进谏行为产生影响。第三是组织支持感通过一定的行为参照对员工进谏行为产生影响。首先，大量实证研究表明，当员工感知到组织对他们的支持时，员工会产生组织承诺、工作卷入、工作情感、角色外行为和压力等一系列行为和态度，进而影响员工的进谏行为。正如 Morrison 等（2000）指出的，当员工感知到组织对进谏行为的支持时，会表现出更多的进谏行为。这种影响是通过增强员工的组织承诺、留职意愿和工作卷入程度，提高其工作满意度和角色外工作绩效，并降低其紧张感和减少其退缩行为而起作用的，它为员工进谏提供了充分的心理动力和良好的行为参照，促使员工为组织的变革和发展做出贡献。因而组织支持感能够促进员工进谏行为。

（三）内部营销

内部营销（internal marketing）研究源于组织模拟市场行为对内部人力资源进行管理。从组织层面讲，内部营销是企业把员工视为“内部顾客”，在“以员工为本”的基础上展开的一系列内部积极协同活动。实施内部营销的目的，是为“内部顾客”提供完善的服务，促使员工自觉地将自己拥有的技能知识与组织需求有效对接，最终加强外部营销。它强调组织应将员工放在核心地位，通过对内部顾客物质与精神需求的满足，实现与企业战略的协同一致。从个体层面看，内部营销更关注员工价值的可塑性，其目标在于通过实现“内部顾客”满意的途径，激励、保留和吸引员工，增强员工的服务理念和顾客意识，进而提高外部营销有效性。组织内部营销水平作为衔接组织与员工之间关系的重要纽带，直接影响员工在组织内的工作意愿。

进谏行为要求员工为了组织整体目标去克服组织障碍，主动向组织其他成员表达自己改变现状的建议。进谏内容可以循规蹈矩，也可以大胆创新。然而，组织成员在进谏过程中要承担这种行为所带来的不确定后果，甚至是负面影响，因此，只有存在强烈的组织责任感和忠诚感的员工才会有意愿出面担当。内部营销可以增强员工对组织战略的认识、参与及认同感，从而减少或降低组织战略实施的变革阻力，这种参与及认同感也是进谏者抵御进谏风险的内在动力源泉。当组织出现员工可以预见性的威胁或机会时，更会激发员工的进谏行为。因此，组织内部营销对员工进谏行为具有促进作用，使个体的进谏行为更易发生。

第三节 员工进谏行为的结果变量

现有关于进谏行为结果变量的研究与前因变量相比就显得比较少，主要集中在离职率、组织公平、创新绩效和管理决策。

一、员工离职

通常认为，员工在面临复杂情境或者察觉到工作改进的机会时，会选择两种行为，一是勇敢地表达自己的观点，二是选择离开组织来应对这种相对次优的组织状态，员工离职主要是源于内心对于组织的不满，那么这两种选择之间是否存在直接关系呢？

Barry（1974）指出进谏行为和离职之间是直接负相关的，即员工选择进谏就会留在本公司，而不会离职，但事实上，员工进谏之后的结果可能也会影响员工的离职倾向，即进谏也会带来更高或更低的离职率。根据 McClean 等（2013）的研究表明，员工进谏可能会带来更高或者更低程度的离职率。这与管理者进行变革的能力和意愿息息相关。研究表明，进谏会带来三种不同的效果：原有的组织状况得到改善，原有组织状况保持不变，原有组织状况变得更糟。当管理者有能力和意愿进行组织状况的改进时，即员工的进谏得到了采纳，一方面，组织绩效得到有效提高，另一方面，员工感觉到了组织的尊重和关注，认为组织是关注他们的，而他们自己的意见和观点也是有价值的，因而会更愿意留在组织中，此时，员工进谏与员工离职之间是负相关关系。当领导者没有能力或者意愿进行组织变革时，即员工的进谏没有得到合理的采纳和运用，员工进谏与员工离职之间是正相关关系，此时员工会觉得自己是无价值的，组织中其他员工也会对组织改进失去信心，认为组织不关注自身的意见和观点，有一种强烈的失落感。这种对组织的不满和失望的情绪体现在工作中，就会引发一系列不良的行为表现，员工会降低自己的努力程度，工作不认真，迟到早退，甚至会出现一些不利于组织的反生产行为。更有员工会选择直接离职，这些表现不佳的员工会导致组织绩效的下降，因而也会带来被动离职，即被管理者解雇。因而可以发现，员工进谏与离职之间的关系并不是简单的负相关，其会受到管理者变革的能力和意愿的调节作用。

二、创新绩效

合理化建议的提出需要员工付出自己的智慧和时间，就组织内现有的问题进行分析和调研，发现问题，寻找解决问题的方式方法，并且主动地在他人前（特别是主管）表达自己的观点和看法。这是一种带有沟通性质的、创新导向的个体努力。所以创新导向的进谏行为有助于员工逐渐赢得管理层和周围同事的认可。只有将自己的想法讲出来，才有可能将个人的创新性想法转变为实际的工作绩效。梁建和唐京（2009）研究发现，员工进谏行为有助于其发展创造性的想法，进而提高创新性绩效。进谏行为可以鼓励员工提出并交流企业内存在的问题和创新性的想法，这些新观点和改进意见可以帮助成员表明自己的新观点，整合基于员工个体创造力，并转化为团队和组织发展所需的创新动力。正如 LePine 和 Van Dyne (1998) 指出的："创新起始于发现和提出挑战既有程序和实践的新观点和新方案。"所以，合理化建议的提出有助于员工将自己的主动性转变为最终的创新性绩效。Edmondson (1999) 研究发现，团队内的进谏行为可以促进团队的学习和成功地实施新的技术，而当团队成员们不愿提出他们的合理化建议时，往往会阻碍新技术的实施，并最终影响团队效率。因此进谏行为能够促进组织的创新绩效提高。

三、管理决策

下属作为决策的执行者，更熟悉客户需求、更了解市场动向、更清楚竞争对手的具体竞争手段，因此如果员工能积极向上进谏就有助于在事前规避风险、事中优化策略以及事后提炼经验或教训，那么最终管理者便能做出更为明智的管理决策。Nemeth (1997) 就发现员工的积极进谏与企业管理决策的科学性正相关。Floydand Wooldridge (1994) 还发现进谏可以激发企业决策者的战略性思维。有研究发现，企业高管的工作时间更多花费在眼前的事务上，用于战略性思维的时间越来越少，而战略性思维的产生是以现实经营状况和信息的充分获得为前提的，而不是凭空创造出来的，因此下属积极地向上反映一线问题可以填补信息鸿沟，减少信息不对称，由此刺激决策者重新审视既定方针和政策。Schwartzwald (2003) 发现，员工的积极进谏可以起到前馈控制和反馈控制的作用，进而提前规避风险，防患于未然。因此，可以认为一定程度的进谏行为对管理决策有积极贡献。

第二章　员工沉默行为

第一节　员工沉默行为的概念、维度与测量

一、概念

在现实的组织中经常存在着类似于童话《皇帝的新衣》中所描述的现象：很多时候，尽管人们清楚地了解事情的真相，却由于种种原因，如担心领导的报复或是同事的嘲笑而选择了相对安全的反应方式，即选择沉默（何铨等，2006）。美国安然公司破产等事件揭示出，员工沉默行为极易给组织带来严重的后果（Fuller et al.，2007）。在科技不断发展、市场快速变化、竞争日趋激烈的商业环境下，员工仅仅完成分内工作是不够的，更需要发挥积极性和主动性来帮助组织提高适应性和灵活性（Frese et al.，1999），员工沉默行为不仅影响了决策质量，阻碍了创新，不利于保持和提升组织竞争力（Morrison & Milliken，2000），同时也会给员工和企业带来许多负面效应，例如心理紧张和工作倦怠（Elliot & Devine，1994）。然而，在以往很长的一段时间里，学术界很少有人对沉默行为进行深入的研究。客观上可能是基于以下原因，一方面，沉默并不是一种外显的行为，因此不易引起注意，另一方面，研究沉默行为比研究外显、公开的行为要困难得多（Johannesen，1974）。

对于沉默行为的探讨，始于 Morrison 和 Milliken（2000）发表在《管理学评论》（*Academy of Management Review*）上的一篇文章。在该文中，他们将组织沉默定义为“多数员工面对组织中潜在的问题而选择保留他们的观点”的集体文化现象。他们认为沉默是

一种强大的力量，却并未得到应有的重视。此后，沉默现象开始逐渐引起学术界和实务界的关注。特别是在2003年，《管理研究杂志》（*Journal of Management Studies*）发表了一期专刊，就沉默这一主题进行了系统的讨论。

Pinder和Harlos（2001）从员工个人角度出发，把员工沉默定义为“个人对组织环境在行为、认知或情感上的评价，保留这种真实感受而不报告给自己认为能做出改变或矫正的人”。沉默比进谏更内隐，因此，与进谏行为相比，对沉默行为的动机识别更难。当员工的沉默行为上升到组织维度，成为一种集体性的现象时，便称之为组织沉默。

郑晓涛等（2003）将员工沉默总结为员工本可以基于自己的经验和知识提出想法、建议和观点，从而改善所在部门或组织的某些方面的工作，但却因为种种原因，选择保留观点，或者提炼和过滤自己的观点。

虽然这些学者对于沉默行为的定义不是完全一致，但综合而言，他们都强调了“保留”（withholding）是沉默行为的基本内涵，即员工沉默的前提条件是员工对于组织中的人或事已经形成了相应的观点、建议和态度，但由于各方面的原因选择有意识地保留自己的观点，对比而言，那些在组织中并没有形成明确观点、态度的沉默行为，单纯的不愿意交流和非有意的沉默寡言行为不属于我们研究的员工沉默的范畴（Van Dyne et al.，2003）。

二、维度

（一）沉默行为的二维度划分

不同学者对员工沉默的内涵及维度界定并不尽相同。在现实中，沉默应是一个基于复杂动机的复杂行为，Pinder和Harlos（2001）提出员工沉默应包括默许（acquiescence）沉默和无作为（quiescence）沉默。默许沉默是指基于顺从的动机而消极地保留观点，即在不公平的情境下，员工缺乏改变这一状态的意识和动机；而无作为沉默则是出于自我保护的动机积极地保留自己的观点、建议，担心自己的进谏会给组织、他人带来不利的影响或者引发人际关系冲突。即在不公平的工作情境下，员工意识到可以依靠自己或他人的帮助改变这种不舒适的状态，却故意选择沉默的不作为状态。

（二）沉默行为的三维度划分

Van Dyne 等（2003）在 Pinder 的框架基础上，根据员工情感特征将员工分为被动型和主动型，据此将沉默动机分为脱离（辞职或顺从）、自我保护（害怕）和其他取向（合作）。根据员工保持沉默的内在动机特征将沉默划分为默许性沉默（acquiescent silence）、防御性沉默（defensive silence）以及亲社会性沉默（prosocial silence）。与默许性沉默相比，防御性沉默则显得更加主动。亲社会沉默是基于组织公民行为的角度进行定义的，即员工保持沉默的原因是基于组织的利他主义或合作性动机。Van Dyne（2003）认为这与组织公民行为中的运动员精神具有内在一致性。没有怨言本身就是沉默的一种表现形式。相对而言，默许性沉默是一种比较被动、消极的行为，防御性沉默则是一种积极主动的有意识行为，它主要是为了保护自己免受外部环境的伤害，而亲社会性沉默也是一种主动行为，是基于了解和明确备择方案并有意识地保留观点。但它的目的是保护他人或组织，而不是担心进谏对自身所带来的不利影响。

郑晓涛（2008）以中国企业员工为研究对象，从特有的人际和谐情境出发，证实了员工不仅会因顺从、自我保护而保持沉默，也会因缺少情感而保留观点，进而将员工沉默分为三个维度，认为对目前的组织和工作认同度不高而消极保留观点的行为是漠视沉默（disregard silence）；认为消极保留观点的行为是默许沉默（acquiescent silence）；认为自我保卫而主动保留观点的行为是防御沉默（defensive silence）。

漠视沉默是指员工对于组织低水平的承诺而消极地保留观点，意味着漠视组织的利益，由于对组织和工作的依恋、认同不够而消极放弃提出自己的观点（郑晓涛，2003）。漠视沉默多发生在员工和组织之间，简单地解释就是员工和组织之间没有很深的感情，因而对组织采取的一种漠不关心的态度，所以不愿意发表自己的观点和意见。

基于社会交换理论的互惠原则，一方面人们应当帮助那些帮助过他们的人，另一方面人们也不应当伤害那些帮助过他们的人（Goulder，1960），当员工与组织的社会交换关系较高时，意味着组织会给予员工合同之外的关心和照顾，从而帮助员工能够更好地面对压力，完成本职工作（Rhoades & Eisenberger，2002）；作为回报，员工也会更加注重组织的利益，提供更多的有利于组织的角色外行为来回馈组织（Wayne et al.，1997）。从而保持交换的平衡，在这种情况下，员工选择漠视沉默的可能性较小。另外，员工和上级的社会交换关系质量也会影响员工对组织的依恋，进而影响员工漠视沉默的水平。

默许沉默是指员工预期自己没有能力改变现状或者基于顺从的动机而被动、消极地保留观点，当员工预期自己的上级已经确定了问题的解决方案，而自己的进谏可能没有太大价值或不太可能被领导采纳的情况下，常常发生默许沉默（郑晓涛，2003）。

默许沉默多发生在员工和上级之间，简单的理解就是讲了没用所以不讲。员工是否选择默许沉默受社会关系质量的影响。当员工和上级社会关系质量较高时，说明该员工和上级之间接触更频繁、沟通更便利，该员工获得的内部信息量更多，并且质量更高（Dunegan et al.，1992），因此员工基于这些信息的进谏质量更高，被上级采纳的可能性也就更大，也就更有信心提出进谏。另外，关系质量较高的员工参与决策的机会相对也较多（张桂平，廖建桥，2009），在上级做出最终决定之前，他们能够有机会合理并顺利提出自己的建议和观点。并且，当他们和上级互动更频繁时，他们往往能够对上级的想法、意图、偏好、价值取向等方面产生较为深刻的了解和洞察（李锐等，2012），即便上级已经做出决定，他们也有方法去说服上级改变决定。最后，上级对不同社会交换关系质量的下属的同种行为的对待方式及解释也会存在差异（汪林等，2010）。领导对关系亲近者的信任度更高，其意见或建议也被领导认为是站在领导立场上考虑问题，应该是更可靠和具有说服力的，故比较容易引起领导关注、重视甚至采纳（Burris，2012），从而更激励这些员工果断进谏，放弃默许沉默。

防御沉默是指员工为了避免发表意见而产生人际隔阂，从而主动地选择沉默以进行自我保护（郑晓涛，2003）。防御沉默是一种主动性地保留观点意见的行为，区别于默许沉默。

员工进谏通常会涉及上级或相关责任人的决策，很容易被理解成对上级决策的不服从，对权威的挑战，尽管员工进谏的动机是出于组织的利益，但往往可能会带来一些人际关系方面的不和谐。“忠言逆耳”的特点往往导致进谏伴随较大的风险性（李锐等，2012），从而迫使员工选择保守的防御沉默。

防御沉默较多发生在员工与直接上级和同事之间，简单的理解就是讲了可能让别人不高兴，所以不敢讲。员工与上级和同事的社会关系质量越高，则越可能将上级和同事视作“自己人”，并形成相互信任的关系，愿意实施风险承担行为（Scott & Bruce，1994）。此时当员工向上级和同事提出建议和意见，或相互交换工作的相关想法时，会有较高的心理安全感，无需担心上级和同事的反感和报复（Jehn & Shah，1997）。同时，当双方信任度较高时，上级和同事也知道员工进谏是基于善意地为了自己利益考虑，只是“良药苦口”而已，因此也愿意倾听和考虑他们的意见，而不会觉得尴尬、受伤害或显得自己没有能力（Ehtiyar & Yanarda，2008）。关系质量高的员工还常被上级要求承担较多的责任和非一般正式性的角色，上级也希望下属能将集体利益置于个人短期利益之上，能够积极就组织或部门问题提出建议。

（三）沉默行为的四维度划分

Knoll 等（2013）认为沉默动机受到问题的类型、情境及其对员工重要程度的影响，其在 Pinder，Van Dyne 和 Brinsfield 研究基础上将员工沉默分为机会主义沉默（opportunistic silence）、默许性沉默（acquiescent silence）、无作为沉默（quiescent silence）和亲社会沉默（prosocial silence）四个维度。其中，默许性沉默、无作为沉默、亲社会沉默采用了 Van Dyne（2003）的定义，默许性沉默表明员工认为自己的意见及观点对组织而言是不被需要的或无价值的，因而消极地保留自己的观点而进行服从行为；无作为沉默则与防御沉默的概念类似，是员工担心进谏可能会带来的不良影响，处于自我保护的动机下，积极主动采取的沉默行为；亲社会沉默是 Van Dyne（2003）等在 Pinder（2001）关于员工沉默划分的基础上提出的，指的是员工采取沉默行为是出于以组织为基础的利他主义或合作性动机；而机会主义沉默指的是在面对别人的伤害时，为了实现自己的优势目标而战略性地保留和工作相关的理念、信息和观点。

（四）沉默行为的五维度划分

Brinsfield（2009）综合考虑了个体因素（如员工自尊）、对象因素（如对主管沉默、对同事沉默等）以及情境因素（如问题类型、问题重要性）对沉默动机的影响，并据此将员工沉默分为：防御性沉默（defensive silence）、默许性沉默（acquiescent silence）、缺乏自信性沉默（diffident silence）、关系性沉默（relational silence）和偏差性沉默（deviant silence）。其中防御性沉默和默许性沉默采用 Van Dyne（2003）的界定，缺乏自信性沉默指员工由于缺乏对相关信息有效性的信心，害怕损伤自己的名誉而保持沉默的行为；关系性沉默指员工出于保护和谐的人际关系而选择沉默的行为，与 Van Dyne 的亲社会沉默有一定的相似性，但亲社会沉默覆盖的范围更广，它包括一切形式的利他主义或合作性动机，关系性沉默则限定在保护良好人际关系的范畴；偏差性沉默指出于伤害组织或他人利益而保持沉默的行为。

（五）沉默行为的六维度划分

随着对沉默行为的深入研究，Brinsfield（2013）又将员工沉默的五维模型发展为六维模型，用无效性沉默（ineffectual silence）和脱离性沉默（disengaged silence）代替默许性沉默。其中，脱离性沉默和默许性沉默具有一定的重合性，但脱离性沉默对改变现状有着更高的自我效能感。无效性沉默指员工因发表观点不能有效地改变现状而保持沉默的行为。

三、测量

沉默行为的一个主要特点是没有言语，因而提供的线索相对较少，这就使得沉默行为无法直接从行为或者言语中进行评价，因此，如何测量沉默行为成为该研究领域的重要挑战。

（一）采用他评的方式

Dyne 等（2003）从组织沉默的概念框架出发，采用他评的方法，让员工对同事的行为从默许性、防御性和亲社会性三个方面进行评价，每个方面包括 5 个项目，如“员工保留任何改进的意见是因为他（她）觉得自己的能力不足以产生影响”、“员工为了自我保护而逃避提出改进意见”、“员工能从组织利益出发，恰当地保护组织机密信息”等共 15 个项目，并采用利克特 7 点量表，1 表示非常不赞成，7 表示非常赞成。

Edmondson（2003）则使用现场观察的方法，在该研究中，以 16 个医疗小组为研究对象，通过对访谈者设置某个工作情境，由研究人员对被访谈者基于该情景的反映进行编码以获得团队沉默状况。例如，情境为“一个病人没有直接危险，但是可能存在问题倾向”，询问医疗人员在此状况下采取的沟通方式，并对这个反应进行编码：“1”为沟通非常有限，非常犹豫要不要讲出来；“2”为尊重但警惕的沟通，选择正确的时间去表达，并且意识到权力差距；“3”为开放式的沟通，自由并且不费力。

（二）采用自评的方式

Huang（2003）等人采用利克特 3 点量表（1 表示比较同意，3 表示比较不同意，2 表示不清楚），让员工从沟通渠道等五个方面共 27 个项目进行评价，例如“你感觉有多少事情需要向上级强调”，“非常多，比较多，很少，没有”，通过计算员工“没有”项目的数量，作为衡量员工沉默的方式。最后的总平均数则代表组织的沉默程度。

Vakola 和 Bouradas（2005）对沉默行为的自评测量包括 7 个问题，例如“你向上级表达所在部门问题的频率如何”，“是不是很容易向上级表达所在部门的问题”。

Brinsfield 针对员工沉默行为分别开发了五维和六维量表，代表性题目“我经常在工作中保持沉默是为了避免冲突”。

郑晓涛等（2008）关于沉默行为的测量是对沉默行为划分为三个维度，每个维度各四道题，默许性沉默，测量题目如“领导基本已经决定了，自己的意见不会起太多作用”；漠视性沉默的测量题目如“我对企业的事情不关心，无所谓”；防御性沉默的测量题目如“没有必要得罪领导和同事”。

现有文献关于员工沉默和组织沉默的维度和测量尚未达成一致意见，关于员工沉默维度和测量工具的研究成果虽较为丰富，但其分歧也较严重，目前学者们对 Van Dyne 等（2003）的三维结构及其量表和郑晓涛等（2008）的三维划分及其量表的应用较多。

第二节　员工沉默行为的影响因素

员工沉默行为使得组织丧失了及时发现、解决现存问题和预防潜在问题的机会，给组织发展带来损失。为什么组织成员明明知道组织中存在一些问题，或对于组织更好地改进有自己的想法和建议，却仍然会选择保留自己的观点？是因为漠视、默许还是防御性的心理？研究员工沉默行为对于企业组织理论的发展以及企业的经营管理，都有重要意义。因而，首先我们需要分析有哪些因素会使得员工选择沉默行为。

一、传统文化观

中华民族传统文化是民族历史上各种思想文化、观念形态的总体表征。中国文化呈现出与西方社会截然不同的特征。高集体主义、权力距离、个人传统性是中国文化的显著特征。Hofstede（1993）综合前人的研究，认为集体主义倾向、权力距离倾向、儒家文化观、情面意识等是中国传统文化观的主要维度。对比中西方企业员工沉默行为倾向，不难发现，员工沉默行为在我国更为普遍。这一现象及其成因引起了学者们广泛的关注。学者们普遍认为传统文化观是影响我国企业中员工沉默行为的重要原因。

（一）集体主义倾向

集体主义是近些年来学术界最关注的价值观倾向之一。集体主义强调个人是集体的一分子，个人与其所在集体紧密相连，因而与集体的一致性非常重要，集体利益高于个人利益，个人会愿意为维护集体的利益而牺牲自我利益。集体主义倾向是一种反映个体对他人和集体关心程度的价值观（Felfe et al.，2008），对于集体的热爱与责任心使得员工在发现组织问题或者具有改进组织的有效建议时不再保持沉默。

首先，集体主义倾向会使得员工对组织有较高的认同感，因而会减少员工因为冷漠而保持沉默的行为，基于群体成员的身份认同作为员工意识的重要构成成分，在调节行为的过程中发挥着重要作用。具有集体主义倾向的员工往往将组织利益和目标放在首位，往往形成对组织较高的认同、依恋和情感，当员工发现组织中存在的问题，或对于改进组织的流程或结构设计、组织绩效、文化等方面有较好的想法时，他们不会选择保持沉默或不予理睬，即集体主义倾向会减少员工的漠视性沉默行为。

其次，集体主义倾向使得员工在工作时往往从组织角度去考虑问题，当个体利益与集体利益发生矛盾和冲突时，个体会选择牺牲自我，让位于集体。当员工拥有对组织发展和创新的积极想法和建议，或者发现组织存在的问题时，主要从组织的整体利益和提高组织效能的角度提出建议，而很少考虑提出观点或建议可能给自己带来的不利影响，不会因为担心被领导批评，被同事排挤，遭遇不公平待遇，增加自身工作负担等后果而放弃进谏，进而选择沉默行为，即集体主义倾向会减少员工的防御性沉默行为。

最后，持集体主义倾向员工的自我构建是将自身看成整个组织的一员，对组织有强烈的归属感，而这可以增强员工对组织施加影响的动机（李锐等，2012），这将会减少员工的无力感而保持沉默的情况。集体主义倾向使得员工在组织中获得较高的拥有感从而减少员工的默许性沉默行为。

集体主义倾向对员工沉默的影响还受到其他一些因素的影响，集体主义倾向的程度会在员工面临组织公平问题时，显著影响其对组织的知觉，进而影响员工的沉默选择行为。对于强集体主义倾向者，会引发更多的利于组织的反应，更少的不利于组织的反应。即面对组织公平时，集体主义倾向强的人会出现更少的组织沉默。组织公平确实对组织沉默有显著的负向影响，这也就意味着组织越公平，组织沉默出现的可能性会越少；反之，组织越不公平，组织沉默出现的可能性会越高。国外的研究指出，公平是组织最重要的特性之一，组织公平一直以来都是管理心理学中非常重要的解释性变量（Colquitt et al.，2013）。程序公平和分配公平对默许沉默都有着显著的负影响；分配公平与人际公平对防御沉默、漠视沉默有显著的负影响。

集体主义倾向强的员工只会在面对分配公平时表现出反应差异，而在面对程序公平与人际公平时并没有反应差异；集体主义对分配公平与默许沉默之间的关系有显著的正向调节作用。另一方面，集体主义倾向强的员工的这种差异，只反映在默许沉默上，而没有出现在防御沉默与漠视沉默上。究其原因，应该是相比较而言，个体主义倾向强的员工比集体主义倾向强的员工对利益会更敏感（Hofstede et al.，2010），而表现出更关注分配公平；且在得知无法改变现状时，集体主义倾向强会因为关注集体利益，而继续提出建议，而不是选择默许沉默。总之，这一研究结果表明，在不同国家与地区，组织公平与组织沉默之间的关系，确实会有所不同，在开展管理心理学研究时，不能忽视价值观倾向的影响。在组织管理的实践中，为避免出现组织沉默，应关注组织公平。同时，管理者还应该对组织沉默的产生原因状况进行具体分析，究竟是默许沉默，防御沉默，还是漠视沉默，然后再根据具体情况采取有针对性的措施来提升组织的公平感，以改善出现的组织沉默状况。此外，在与集体主义倾向较弱的个体打交道时，更应该注意分配给他们的资源与利益等是否公平，避免因他们的敏感性更强而导致更容易出现组织沉默。

（二）权力距离倾向

权力距离倾向是指个体对组织中权力分布及因权力差异而带来资源分布不均等的接受程度（Lee et al.，2000）。权力距离有大小之分，它的大小可以用指数 PDI（Power Distance Index）来表示。

权力距离倾向越大，个体对组织地位、资历等越敏感，越会尊重权威和组织规范，因而沉默动机也越强。首先，权力距离倾向使得员工刻意与领导保持距离。下级权力距离倾向对其与上级关系之间的性质产生影响（Lee et al.，2000），低权力距离倾向的员工更可能与上级建立密切的联系，而高权力距离倾向的员工因为畏惧权威，更可能与上司保持一定距离。距离感使得员工对组织的敬畏度，敏感度更高，因而对组织的认同感较低，进而产生漠视沉默。其次，高权力距离倾向会导致防御沉默的产生。权力距离倾向越大，员工越会接受并认可权力在资源分配和获取过程中的重要性，并认识到晋升、分配、考核、薪酬等与自身密切相关的资源均掌握在领导手中，越会担心冒犯权威，进而导致资源丧失等惩罚。员工的心理恐惧感越强，就更加会谨言慎行，防御性沉默越强。最后，权力距离倾向使得员工感到位卑言轻产生默许沉默。同一职位上的员工权力距离倾向越强，越会对自身组织地位有较低的感知。位卑言轻的思想使其产生较多默许沉默。研究发现，权力距离倾向越高的员工，对不公平对待的接受能力越强，即使在面临领导辱虐时，鉴于自身地位的限制，也不得不接受（Lee et al.，2000）。尽管权力距离倾向对漠视沉默、防御沉默和默许沉默均产生正向作用，但是这种影响的强度却因员工心理知觉的差异而不同。权力距离倾向确实会使得员工产生距离感、恐惧感和顺从感，但在这三种心理知觉中，顺从感占主要地位。尽管有关权力距离倾向研究在概念界定、研究目标和方向、研究层面等存在差异，但都将“接受”作为权力距离倾向的关键特征。面对权威不得不妥协和顺从使得权力距离倾向对默许沉默的正向作用最强。综上，员工的权力距离倾向对漠视沉默、防御沉默和默许沉默均有正向影响，对默许沉默的正向影响显著大于对漠视沉默和防御沉默的正向影响。

（三）儒家文化观

儒家文化观在中国经济社会的发展中占有重要的地位，经过了上千年的发展，“仁爱”、“明哲保身”、“中庸”（时勘等，2013）等思想已在国人心中扎根，现在对于儒学的研究也很多。现有研究一般认为这些体现中国传统文化特色的儒家文化观往往会对员工进谏产生抑制作用，进而对员工沉默产生促进作用。但事实上，这些文化观因其辩证性，与员工沉默的关系比较复杂。不同类型的儒家文化观对于员工沉默的影响可能也是不同的。

首先，仁爱是儒家文化观的核心思想，孔子更是提出了“仁者爱人”理念。对于员工而言，具有仁爱理念会对组织有较高的认同感，积极参与组织活动，与组织进行互动，进而减少员工的漠视沉默行为。在组织中，具备仁爱观念的员工，会更多地表现出宽容行为，对于同事的失误、上级的误解、不公正待遇能够体现出更多的理解和包容。但是需要指出的是包庇同事，对同事错误视而不见，甚至纵容同事侵害组织利益绝不是仁爱的表现。儒家所提倡的仁爱不是没有节制、是非不分的，而是正义的、适度的仁爱（王庆娟，张金成，2012）。这种仁爱理念会使得员工有较强的使命感而产生较少的漠视沉默。

其次，员工表达对组织问题的不满、意见或改善组织流程的建议可能会造成挑战领导权威、增加同事工作负担、破坏组织规范等问题。组织对这些问题的态度常常使得员工面临很多不确定性，领导风格和上下级关系对于员工面临这些组织行为会产生显著影响。

最后，中庸作为中华传统文化中的重要特点，且可以广泛应用于现代社会科学的研究中，是因为它是儒家文化中比较推崇的概念。儒家文化的思想对人们有着潜移默化、根深蒂固的影响。在中国现在的文化进程中，已经囫囵吞枣地吸收了很多西方文化的价值标准，而对于我们本土的文化精髓却没有进行很好的掌控。我们研究的目的就是为了作用于管理实践，因而，在当今社会下，学术研究中要更多地进行本土化研究，结合本国的文化，国情和实践。

《尚书》以“中”表示合宜，而首先将中庸二字并用的是孔子，孔子所说的中庸，是指过犹不及、恰到好处的状态或达到此种状态的行动取向。这是中庸最核心的意义，日后儒家传统对此或有所演绎和发挥，但基本的内涵没有发生变化。但就是这么一个听起来通俗易懂的概念，如何将其学术化却是一个值得研究的问题。简单地说，中庸就是人们脑海中的一种思想模式，它时刻都在作用于人们的言行，是一套实用性很强的价值体系。

在加入中国传统文化的关键要素“中庸思维”概念作为调节变量后，互动公平与沉默行为之间的关系会不会发生什么变化呢？互动公平涉及人际关系方面，它强调的是在决策执行的过程中，人们感受到的人际对待的公平性。对于具有不同程度中庸思维的员工来说，互动公平对于三类沉默行为的作用是完全不同的，也就是说互动公平不是包治“沉默”病的解药，我们应该区别对待，对症下药。传统上人们把互动公平看作程序公平的一部分。于是互动公平进一步可以细分为两种：一是人际公平，反映在执行程序或决定结果时，当权者或上司对待下属是否有礼貌、是否考虑到对方的尊严和是否尊重对方等；另一种是信息公平，指是否给当事人传达了应有的信息，是否给予了当事人一定的解释，如为什么要用某种形式的程序或为什么会用特定的方式进行分配。公平感被看作一种动机，它可以有效地预测人的组织行为。

对于领导者而言，如果他希望通过提高员工的互动公平感，从而提升员工的组织承诺，降低漠视沉默行为时，这只能够对高度中庸思维的员工产生作用。因为高度中庸思维的员工会更倾向于从整体的角度看问题，所以当领导作出某项决策时，不论员工内在是否接受，他们不会单纯地将其归因于领导的自身因素，而会认为是组织的因素使得领导作出这样或那样的决策。所以当领导改善与员工的互动质量时，高度中庸思维的员工会将其归因于组织，从而提高其对组织的评价和认同度。但对于低度中庸思维的员工来说，他们会将注意力放在领导个体上，他们会感激领导关照而表现出效忠于领导的行为，但是不会因此而变得关心组织。中庸不是个体没办法的妥协，而是一种积极主动地寻找最佳行动方案的精神。员工中庸思维越高，越不会向困难和问题妥协，放任问题发展。中庸使得员工有较少的默许沉默。因而我们认为儒家文化观对不同维度员工沉默行为有不同的影响，儒家文化观的不同类别也会影响到员工沉默的选择。

（四）情面意识

情面意识的主导思想是关系本位，主要包括关系角色化、关系回报性、关系宿命论、关系决定论以及关系和谐性五个方面，其核心理念是关系在资源配置中起着决定作用，成为个体获取成功的关键要素。因此，要想在资源配置中取得优势地位，必须与他人维持较好的人际关系，而维持较好的人际关系又离不开维护他人的面子和人情。关系本位下的情面意识常常使得个体为了关系维护而不惜放弃自己的原则，因而，情面意识越强，员工越会表现出更多的沉默行为。

首先，情面意识使得员工会表现出更多的漠视沉默。情面意识使得员工更加关注自身及与之相关的人员，而对组织目标，组织利益的关注较少。情面意识高的员工会更多地考虑自身行为对组织其他成员的影响，特别是可能会对他人形象、地位、影响力等产生负面影响，而较少关注自身行为对组织目标和利益的影响。在组织中，情面意识高的个体也会形成较高的认同和情感，但是这种认同和情感不是对组织的，而是对那些与自身关系较为密切的同事的。因而，一方面，为了维护与同事及上级良好的关系，员工对于其他成员及上级不合适的决策和存在的问题会更多地选择保持沉默；另一方面，对组织较低的情感和认同使得员工对损坏组织利益的行为视而不见，不会为了组织利益而给自己惹上不必要的麻烦。

其次，情面意识使得员工有较多的防御沉默。人是社会关系的产物。与他人建立良好的人际关系是个体生存与发展的重要条件，对情面意识较高的个体则尤为重要。维护他人面子和自身人际关系是高情面意识员工重要的工作。当员工发现组织中存在的问题，或者其他员工、领导存在的决策失误时，尽管员工有了表达的愿望，但当想到这种表达行为可能会损坏他人面子，导致人情关系的破裂，那么员工就会选择沉默。

最后，情面意识使得员工有较多的默许沉默。面子的维护是个巨大的工程，人情关系就像一张大网。员工面对这项工程和这张大网时，难免会有力不从心的时候。特别是当员工面对自身同事或领导做出违规行为，但又无法脱离当前的同事或上下属关系，不得不选择对违规行为保持沉默。

虽然情面意识对于沉默的不同维度都会产生影响，但对于漠视沉默、防御沉默和默许沉默的影响程度存在显著差异。这是因为担心损害他人面子和破坏自身人际关系是高情面意识员工最常有的心事。于是，处处留神、事事留心，特别注意自身言行对他人的影响，尤其是担心对他人负面的影响。因而，情面意识对员工认知和情绪最大的影响不是对组织或工作有较低的认同，也不是诱使顺从感的产生，而是一种忧虑和恐惧。员工的情面意识对员工的漠视沉默和默许沉默有正向影响，对防御沉默的正向影响显著大于对漠视沉默和默许沉默的正向影响。

（五）个人传统性

个人传统性对员工沉默行为具有正向预测作用。个人传统性是指传统社会中个人所最常具有的一套有组织的认知态度、思想观念、价值取向、气质特征及行为意向；与之相对应的概念为个人现代性（individual modernity），指现代化社会中个人所最常具有的一套有组织的认知态度、思想观念、价值取向、气质特征及行为意向。

以杨国枢为代表的一批华人本土心理学家从 20 世纪 70 年代起，针对个人传统性与现代性进行了近 20 年的系列研究，其主要目的是分析现代人心理与行为特征的内涵与关系，并了解在现代化社会变迁过程中华人心理和行为的变迁情形。传统性也可视为一种多维度的心理组型（syndrome），在不同文化中具有不同的内涵。他们的实证研究显示，华人的个人传统性涵盖 5 个成分：（1）遵从权威：强调在各种角色关系与社会情境中应遵守、顺从、尊重及信赖权威；（2）孝亲敬祖：主要强调孝事父母与敬祭祖先，尤以前者为重；（3）安分守成：强调自守本分、与人无争、少知为妙、不做非分之想，以及逆来顺受、接受现实、不求进取等；（4）宿命自保：强调少管闲事以避免麻烦、保护自己与家庭，也包括自利行为；（5）男性优越：主要代表一种男性优于或超越女性的态度。研究指出，个人旧有的传统性心理与行为并不会因社会的变迁而消失不见，而会与适应现代化生活的心理与行为共同并存，形成其独特复杂的心理特征。个体的传统性对其沉默行为具有正向预测效果。

首先，中国文化历来注重等级制度，企业中领导与下属之间是一种“上尊下卑”的关系，领导和下属的角色义务并不是对等的，领导可对下属施加影响而不受角色规范的约束；领导控制了下属的各种资源和命运，下属唯有无条件地服从，否则就会导致近期的或者远期的个人利益损失（Farh et al.，2007）。高传统性的员工更倾向于遵从权威，因而会奉行传统社会中强调的“上尊下卑”的角色关系；高传统性者也更习惯于接受组织中不平等的权力分配。因此，当这类员工与其领导意见相反或无法认同领导时，他们更有可能压制自己真正想表达的行为、认知或内心感受，即倾向于不表达个人意见而接受领导的意见。表现出更多的默许沉默。

其次，在组织情境下，员工的进谏献策由于经常涉及对于组织现状的或直接或间接的批评或挑战，往往具有“忠言逆耳”的特点。正是这一特点，导致进谏献议行为常常伴随较大的风险性。这在中国组织情境下表现得尤为突出。因为中国传统文化一向强调群体的和谐与领导的权威，在组织中表达有关工作问题的意见时，常被视为是对组织和谐的威胁或者对领导权威的挑战（Yang，1993）；许多组织也暗示员工不该随意挑战公司的政策或管理模式。而高传统性者具有安分守己、明哲保身等特点，他们重视顺应生活的重要性，认为自己无力改变事情，因此更愿意接受现实、维持现状。因此，这类个体对进谏献议的潜在风险可能会更为敏感，进而更有可能通过保持沉默来避免因公开表达意见而招致的个人利益损失。有研究也指出，高传统性的员工会因为无力感（sense of powerlessness）和较低的控制感（sense of agency）而不愿接受或承担与工作活动相关的责任。这就会导致员工的默许沉默行为和防御沉默行为。

最后，中国人的传统性植根于以儒家思想为主，道、佛为辅的中华传统文化之中（陆洛等，2006）。而儒家思想非常强调“少说话，多做事”的行为方式和价值观，认可“沉默是金”，认为沉默是慎重，是谦让；道家和佛家思想亦将沉默视为一种智慧。“静坐常思己过，闲谈莫论人非”、“祸从口出，言多必失”、“谨言慎行”、“三缄其口”、“知者不言，言者不知”等说法均是上述价值取向的体现。孔子作为儒家思想的创立者也有很多言论直接表达了他对沉默的强调，如《论语·里仁》中记载的“君子欲讷于言而敏于行”,《论语·为政》中记载的“多闻阙疑，慎言其余，则寡尤；多见阙殆，慎行其余，则寡悔。言寡尤，行寡悔，禄在其中矣。”显然，相较于低传统性的个体，高传统性者受制于儒家思想等传统文化教诲的程度更深，这导致他们在组织情境下表达个人观点及意见时，也就显得比较保守和拘谨，会表现出更多的沉默行为。

二、组织公平

组织公平（organizational justice）是指个体对组织对待他们的公平性的知觉，在进行组织公平的感知时，个体会考虑到决策结果的公平性（分配公平），在决策实施过程中受到的人际对待的公平性（互动公平）和决策过程的公平性（程序公平）。

组织中的公平研究始创于 Adams（1964）提出的公平理论（Equity Theory），他认为人们在进行公平感知时，首先会计算自己投入产出之间的比率，然后把自己的这个比率同他人的比率进行比较，从而得出分配是否公平的结论。该理论主要强调的是个体投入和所得结果的等价性，也就是我们前面提到的分配公平。根据已有研究，有学者认为分配公平对默许沉默、防御沉默与漠视沉默都有影响，是对组织沉默预测力最强的变量，这也与中国民众普遍存在的“不患寡而患不均”的心态是一致的。组织公平作为一个可以有效预测个体行为的动机变量被广泛地运用到组织研究中（Colquitt et al.，2001）。

分析组织公平对员工沉默的影响时，不能简单地谈组织公平，要区分不同维度带来的不同影响，同时对于员工沉默的不同维度也要进行分别辨析。互动公平对防御沉默、漠视沉默有显著的负影响，互动公平是指人际交往的公平性（Colquitt et al.，2013）即意指当程序执行时人际处理方式对公平知觉的影响，当互动公平出现问题时，员工就会避免与管理者打交道以保护自己免受责备或攻击，这与前面提到的防御沉默类似，同时互动公平出现问题时，员工对管理人员的认同程度及组织承诺都会下降，于是会消极地保留观点，导致漠视沉默。相对分配公平和程序公平这些程式化的变量而言，体现领导与员工之间人际关系的互动公平变量能够更好地预测中国组织中的各种绩效。

程序公平对默许沉默有显著的负影响，程序公平是指员工对用来确定结果的程序和方法的公平性知觉，包括员工的参与、一致性和合理性等（Colquitt et al.，2013），当组织中的程序公平遭到破坏或者公平体制不健全时，员工会因为无法改变现状而表现出消极的服从行为，即我们所提到的默许沉默。

三、组织支持感

组织支持感是社会交换理论中探讨组织与员工关系的主要变量。组织支持感是指员工对组织如何看待他们的贡献并关心他们利益的一种知觉和看法。简言之，是员工感受到的来自组织方面的支持。员工对组织所表现的行为和采取的措施进行评判，按照其是否具有支持性来决定是否报以组织承诺、绩效或者组织公民行为。

Edmondson（1999）的研究表明，如果团队领导能够在组织内建立起有利于进谏的氛围，比如通过积极鼓励员工发表意见，对变革和进谏创建激励机制，让员工对进谏有心理安全感等措施，则员工在面对工作问题时，就能得到更多的关注，并敢于提出自己的观点。研究发现，组织要创造一种支持性的氛围使得员工感到较少的风险，而风险性正是导致员工沉默的重要因素之一。由此可见，组织支持感对员工沉默行为具有显著的负向影响。

四、领导-成员交换

现在的研究普遍认为，沉默行为是由领导者直接造成的（何轩，2010）。领导者是帮助员工克服阻碍，真实表达对工作和组织问题的担忧及想法的关键所在（Edmondson，1999）。作为嵌入在特定文化情境中的一类组织现象，领导行为的特点和效果必然深受文化因素的影响。已有学者在中国的企业情境中进行有关 CEO 领导行为的系列研究，提炼出中国转型时期企业 CEO 的六种领导行为，其包括任务导向和关系导向。其中，关爱下属的领导行为有效反映了中国文化情境中人们注重人际关系和谐的普遍性（Yang et al.，1989）。基于冲突回避与社会交换理论，“关爱下属”的领导行为不仅反映了中国组织情境中和谐的文化价值观，也隐含了下属对于上级“感恩图报”的人情交换。因此，这种中国情境中较为普遍的领导行为很可能对员工的沉默行为造成影响。

具体而言，根据社会交换理论，员工和领导之间高质量的社会关系更能激发组织公民行为（Mccauley & Kuhnert，1992），进谏行为而不是沉默行为将更有可能成为员工在持有异议或重要信息时的行动选择。领导者所展现的关怀和帮助有助于消除员工对组织利益的漠视感和对组织事务置身事外的行为倾向，进而抑制漠视沉默的形成。根据冲突回避的分析框架，关爱下属的领导行为有利于营造一种信任、包容、和谐的组织氛围，从而降低员工对进谏行为引起人际冲突的负面预期，有效抑制员工因为担心受到不公正待遇和不良人际关系而引发的防御沉默。

领导-成员交换（Leading Members Exchange，LMX）是指发生在领导与下属之间的、不超出雇佣合同要求的低质量的经济性交换关系，以及超出了雇佣合同要求的基于信任、忠诚和责任的社会性交换关系。根据领导-成员交换理论，上级会采取不同的管理风格，因而与不同的下属建立起不同类型的交换关系。基于社会交换的互惠原则，当员工与上级的社会交换关系质量较高时，意味着上级将该员工作为“内部人”看待，并给予更多的信任、尊重和关照，从而帮助员工有效应对工作中的难题并顺利完成本职工作。为了保持交换的平衡，员工自然也有“义务”重视和维护上级的利益，当发现部门或组织中存在有碍工作效率管理的问题时，也能减少沉默、积极进谏。

更进一步，高质量的 LMX 意味着员工对上级保有较高的信任水平，那么员工会预期到自己的风险承担行为（即预防性进谏）并不一定会招致上级的反感和报复，从而给自己的利益带来负向影响。此外，当员工和上级信任度较高时，上级会知道员工“逆耳”的进谏是站在上级立场上的善意直言，因此，也会倾听和接受，而不会觉得尴尬或感觉自身权威受到挑战。

此外，高质量 LMX 下的员工会产生内部人身份的认知，并察觉到上级给予他们更高的期望，因此，会主动承担正式角色之外的更多的责任，并能将集体利益置于个人短期利益之上，因而，在预防性进谏背景下，LMX 负向影响员工对上级的防御沉默。

根据社会交换理论，产生内部人身份的认知的下属会以更加积极的工作态度和工作行为来回报领导。在员工沉默行为的研究中，管理者的因素被认为是组织沉默的重要根源。Morrison 等（2000）的研究指出，管理者对负面信息的恐惧及其内隐管理理念（即认为员工不值得信任、不鼓励上行沟通等）是导致员工沉默出现的重要因素。这两种情况在领导-成员交换水平不高时容易出现。换言之，当个体感受到的领导-成员交换处于低水平时，会产生沉默行为。

五、辱虐管理

尽管现有研究认为，影响沉默行为的前因变量已经提及了领导-成员交换、领导授权行为和领导地位，然而，我们认为以往文献对于破坏性领导行为如辱虐管理对沉默行为的影响研究还存在不足。作为“毒性”领导的一种表现形式，自 2000 年 Tepper 提出辱虐管理以来，辱虐管理越来越成为人力资源管理、组织行为以及领导学研究领域的热点问题。一方面是由于过去的领导理论侧重于研究什么样的领导是优秀卓越的领导，还有的研究在于如何成为优秀的领导，突出领导的正面性；另一方面是因为现实中有很多企业界领导存在危害员工、企业以及社会国家的事情，因此，我们应当加强对毒性领导的研究。

辱虐管理是员工知觉到的管理者持续表现出的怀有敌意的言语和非言语行为，但不包含“肢体接触”，主要表现为公开批评嘲弄下属、对待下属语言上粗鲁无礼、不履行对下属的承诺、对下属漠不关心、羞辱或辱骂下属等。

从这个定义上看，我们发现辱虐管理具有四个特征：（1）辱虐管理是下属对上级管理方式及行为的一种主观性的感受或评价；不同的员工对上级的同一种管理行为的感知和理解可能存在着差异，在某种情境下，上级管理者的行为可能被视为辱虐管理，而在另一种情境下，则不被认为是辱虐管理。（2）这种行为带有持续性、重复性的特征，而非临时性的、偶然的行为。（3）辱虐管理具有敌意性，这种敌意是员工感知到的，也许主管实施辱虐管理本身并非具有侵害性的意图，目的只是为了督促员工更好地工作或完成任务。（4）这种管理行为不带肢体接触，即辱虐管理是职场中的“冷暴力”，而非带有肢体接触的“热暴力”。

根据 Martinko（2013）等人对顶级期刊文章的回顾，对于辱虐管理这种“毒性”领导的研究热度还在加强。回顾员工沉默行为的文献，我们发现，在现代组织中，存在着一种员工沉默不语的现象，尤其是对组织存在潜在威胁的一些议题，员工即使有了自己的观点和改进组织绩效的建议，但仍然会选择保持沉默。

根据 Tepper（2000）和 Martinko（2013）等人的回顾，有大量的实证研究表明辱虐管理对员工态度和行为有负面影响。这些研究体现在多个方面，包括员工的态度、员工绩效、侵略行为或偏差行为、心理压力、幸福感、公平感知。然而，正如引言中所述，作为一种重要的员工行为变量，学者们却忽视了辱虐管理与员工沉默行为之间关系的研究。

那么，为何辱虐管理会带来员工的沉默行为呢？根据 Hobfoll 的资源保存理论，个体拥有的资源（如时间、精力、情绪和注意力）是有限的，个体会努力获取，保存自己的资源。在面临压力的情境时，个体会选择和创造合适的环境，并尽量减少对于自身资源的消耗。员工获取资源的一个重要途径是员工的上级主管，而员工提出建议不仅需要消耗大量的情绪资源，也需要花费大量的时间与精力去发现问题。当员工感受到上级主管的辱虐管理时，一方面，他们需要消耗大量的精力和情绪去应对来自上级和工作的压力，控制自身情绪，此时，员工便更加不会愿意牺牲自己的能量向领导提供改进的建议和自己的观点；另一方面，他们自身的资源变少了，继而感到情感耗竭，会更倾向于保持沉默以保护自己的资源。因而，当感受到上级主管的辱虐管理时，员工更倾向于保持沉默，这是员工保存情绪资源，实现自身有效生存的一种方式。例如，李锐认为，领导因素是影响员工是否保持沉默的一个重要因素，并检验了辱虐管理对下属沉默行为的正向影响。Vakola 等（2005）的研究发现，如果上级领导对下属员工提出的建议或意见持有消极态度时，员工也倾向于保持沉默。另外，Fuller 等（2007）研究认为，员工保持沉默一个重要原因是员工害怕因为进谏而给自己带来风险或影响人际关系。因此我们认为辱虐管理对下属沉默行为具有显著的正向影响。

六、信任领导

目前存在的研究主要强调的是组织和领导对沉默行为的影响。学者们普遍认同，沉默行为主要是由领导直接造成的，如果领导具有以下观念，则员工沉默行为出现的频率会高。例如，认为员工是自利的不值得信赖的，领导者自身才最了解组织中的重要问题，组织内部一定要和谐才是健康的体现。也就是说，如果员工感受不到来自组织和领导对自己的重视，那么就会缺乏对组织和领导的认同和信任，采取沉默行为。

沉默一定程度上取决于组织成员之间的互动关系和组织氛围，而组织的信任氛围又是其中最重要的一个维度，它是个体对其所处环境的一个综合判断。Mccauley 和 Kuhnert（1992）强调，研究者应该注意区分个体对于组织中人的信任以及对于组织和制度的信任。而在中国情景下，信任领导和信任组织对员工沉默行为产生的影响可能是相当不同的，已有一些华裔学者开始关注“在中国，员工到底是依附于领导还是组织，或者说员工是忠于领导还是忠于组织”的问题。

研究的结果表明，员工对领导高质量的信任和忠诚更能提高个人绩效和激发组织公民行为。相对来说，对于领导的信任比对于组织的整体信任能更好地削减沉默行为。但是，我们并不认同信任领导对三种沉默行为都具有同样显著的影响。中国组织中的员工是通过信任领导表达对于组织的认同和依恋，通过忠于领导而忠于组织，也就是说信任领导的确可以降低漠视性沉默行为发生的频率。但是，这并不代表员工就会增加对于自身改变现状能力的信心，从而降低默许性沉默行为发生的频率。因为中国组织中的权力距离是非常明显的，即使员工与领导保持了一种较好的关系，也不可能消除这种距离。如果这种距离消失了，领导就会感觉到自己丧失了权威。所以准确地说，领导会刻意地，同时员工也很会自觉地保持着这种“距离”。员工并不会认为因为自己与领导有私人关系，就会对领导的决策畅所欲言，因为他们担心这样反而会破坏彼此之间的关系，从而得不偿失。所以，信任领导与默许性沉默行为之间并没有显著关系。另一方面，员工不会因为对领导的高度信任就不顾忌与同事之间的关系，通常都会做到面面俱到，因为他们知道如果自恃与领导关系好就经常得罪同事，那么领导也会很难做人，久而久之也会影响自己与领导原本的关系。所以员工为了避免人际隔阂和他人攻击而进行自我保护的防御性沉默行为，并不会因为对领导的高度信任而得以削减。综上可知，信任领导与漠视性沉默行为之间是显著负相关关系；信任领导与默许性沉默行为之间没有显著相关关系；信任领导与防御性沉默行为之间没有显著相关关系。

七、心理安全感

Milliken（2003）等人基于访谈研究提出影响组织沉默的结构模型，发现影响员工保持沉默行为的关键是员工个体心理知觉。Edmondson（1999）在研究中也提出，如果领导能帮助在组织中形成心理上安全的氛围，则有利于消除沉默行为。

心理安全感是由 Khan（1990）构念用以解释影响个体工作绩效的关键心理机制，心理安全感描述的是一种主观感受，这种主观感受能够使得个体自由表现真实的自我，而不用担心这种真实会影响到个人的地位、自我形象或者职业生涯。换言之，当个体可以自由地表现自我，而不用担心这种真实的表露会给自己带来消极影响的时候，个体会获得在组织中的安全感。

心理安全感作为一种积极的组织心理特征，会显著影响到个体的工作动机，是组织成员对在组织内采取一定的有益于组织的行为是否安全这一特定组织氛围的认知。一般认为心理安全与员工沉默行为负相关。当员工认为表现自我是安全的时候，他们会更加愿意参与到问题解决中，更倾向于探索更好的方案，提出自己的观点和建议，学习并参与变革。作为挑战现状的进谏行为，由于它具备一定的风险性，因此只有在感知到“说出这样的话不会带来危险或损失”时，员工才不会保持沉默。当预知到放弃沉默，积极表达意见成功的概率高，且成功后会带来正面效价（valence）时，员工才会做出这样的行为，否则就会对问题保持沉默。因此，高期望收益（低损失）会强化认知思考和进谏行为之间的正向关系，尤其是对风险性更高的抑制性进谏（prohibitive voice），进而会影响到员工的沉默选择。心理安全感已成为降低员工沉默行为的关键性情绪驱动认知（affect-laden cognition）。相反，Kish-Gephart 等（2009）提出，当员工缺乏心理安全感，或心存恐惧时，会导致其做出沉默的举动。

对于进谏结果的负面预期是个体选择保持沉默的最为典型的原因（段锦云，2012）。已有研究证实，心理安全感是驱动进谏行为的关键认知因素（Walumbwa & Schaubroeck，2009）。当员工对于进谏行为缺乏安全感或因负面预期而感到恐惧时，其更倾向于采取沉默行为（Kish-Gephart et al.，2009）。在进谏行为或员工沉默的相关研究中，“心理安全”通常是指个体相信上司和同事不会对其人际冒险行为进行惩罚或误解，这种冒险行为指的是对工作中的问题提出自己的担忧或建议。

事实上，心理安全感可以进一步聚焦到沉默情境。基于对以往团队心理安全氛围的研究综述，学者又从中国组织情境下分析了团队心理安全氛围的内涵和维度，其研究认为团队心理安全氛围包含四个维度，其中的“直抒己见”正好反映出心理安全感可以更有针对性地指向进谏情境。此外，在有关进谏行为的研究中，有学者将心理安全感知聚焦于工作中发表意见和观点的具体情境（Liang，2012）。员工对于工作场合中进言情境及预期结果的心理安全感知，将促进其进谏行为并抑制其保持沉默的行为倾向。

一方面，领导者对下属的关心和帮助，可以增强员工对上司的信任，增强员工对进谏献策行为的心理安全感知和正向预期，从而减少或抑制沉默行为的产生。而另一方面，注重表面和谐的价值观取向将会降低员工对于在工作中提供重要信息、发表真实意见的安全感知，进而使得员工更倾向于选择沉默行为。

第三节　员工沉默行为的结果变量

国内外学者已经开始关注沉默行为的研究，迄今为止，对沉默行为的研究主要集中在员工沉默的影响因素上，国内关于员工沉默的研究更多的是探讨哪些因素可能对员工沉默行为有预测作用，员工沉默对企业的消极影响的实证研究很少，虽说国外有谈论过员工沉默可能带来的不良后果。但有学者指出，员工沉默受国家文化因素制约甚大，而且一些中国背景下的研究已识别出员工沉默的独特内涵（郑晓涛等，2008；2009），因此在中国组织背景下探讨员工沉默的不利影响不仅重要而且必要。

一、工作满意度

国内外研究指出，员工沉默行为会在组织中形成一种压抑感及对工作控制上的不自由，不利于员工个体间及跨部门的沟通，影响反馈的频率及效果（Morrison & Milliken，2000），进而可能影响员工间的信任及相互关系，造成员工的工作满意感的降低。而开放性的沟通氛围则有利于员工间建立共同责任与友好关系，沟通双方有相互倾听的意愿，且彼此理解、真诚合作，这有利于营造出相互参与的、信任的管理氛围，减少员工的沉默行为，这种高沟通、支持性的组织氛围，无疑能够提高员工的满意感。

当员工知觉到他们不能完全表达自己的想法时，或者表达自身观点或意见会受到各方面因素制约时，他们会感觉自己没有受到重视。而他们也会变得更加不认同和信任组织，伴随着组织承诺的下降，员工满意度也会随之降低，导致心理上退出组织甚至离职，钱小军和詹晓丽（2005）的研究则从另一个方面表明，组织内较好的沟通氛围有利于员工满意度的提高。

以往研究表明当员工知觉到他们不能完全地表达自己的想法时，他们会感觉到没有被重视。而当员工感觉到组织没有重视自己的时候，其工作的内在动机以及工作满意感就会降低。个体对自己所处的环境和所做的决策都有很强的控制欲。能够表达自己的想法则是实现控制欲的一种。如果员工处在保持沉默的氛围中，他们会感到对环境缺乏控制。缺乏控制感则会产生一系列不良的后果：降低工作动机和工作满意感，工作倦怠。而且，员工个人对其工作的自主性及控制感是其内在工作激励的一种重要形式，沉默造成感觉上的不自由，使得员工更加不愿意自由发表意见，他们因而感到对自己的工作缺乏控制，这不仅增加了员工的工作压力和心理压力，不利于工作的良好开展，而且会降低其工作满意度（Morrison & Milliken，2000）。因而，我们认为员工沉默与工作满意度负相关。

二、工作倦怠

沉默使得员工出现各种顺从行为和放弃行为（Morrison & Milliken，2003）。在沉默的组织氛围中，员工往往得不到充分发言的机会，或者即使提出建议也不会得到反馈，他们不得不接受多数派的观点，或者是被迫接受上级或组织的决定，形成一种“难得糊涂”的不良心态：“既然我没法说真话，那么你要我怎么说，希望我怎么说，我就怎么说。”虽然表面上看他们接受了，但并非其内在想法的真实表达，他们内心中往往抱着不以为然或不认可的态度，这样一来，员工呈现出的外在工作行为和他们内在的心理感知就存在不一致，长期这样下去就会产生认知不和谐（Morrison &

Milliken，2000）。根据这种认知失调理论，在态度与行为产生不一致的时候，常常会引起个体的心理紧张与压力，在工作场所中则可能会增加员工的工作压力，对工作缺乏内在激励，常有挫折感与疲劳感，也会影响对工作的热情与投入，降低工作的成就感，从而形成工作倦怠（郑晓涛等，2009）。

当员工有表达观点的意愿但却放弃时，会存在实现认知一致性的压力，而此种认知失调会带来心理紧张和工作倦怠（Elliot & Devine，1994）。最后，员工获得对环境控制感的一个重要方法就是去表达他们的观点和偏好。如果员工处于沉默的氛围中，他们会感到一种缺乏控制的无力感，而控制感的丧失则会带来内部激励和绩效的降低，更少的自信和更多的压力，以及生理和心理的疾病。例如情绪衰竭、玩世不恭和成就感低落。情绪衰竭是指员工认为自己所有的情绪资源都已经耗尽，感觉工作特别累，不顺心，压力特别大，对工作缺乏冲劲和动力，在工作中会有挫折感和紧张感。玩世不恭是指员工会刻意与工作以及其他与工作相关的人员保持一定的距离，对工作不像以前那么热心和投入，总是很被动地完成自己分内的工作，对自己工作的意义表示怀疑。成就感低落是指员工会对自身持有负面的评价，认为自己不能有效地胜任工作，或者怀疑自己所做工作对组织和部门的价值。这使得员工出现各种顺从和放弃的行为，对工作产生厌倦。

三、组织承诺

Morrison 指出，有时员工在工作中遇到一些新的情况或对于组织改进工作形成自己的观点和看法时会向上级或组织提出建议，如果此时组织并没有充分重视，给予员工及时的回应，那么这种漠视的态度会让员工觉得自己的努力没有意义，甚至都不能在工作中充分传达自己的想法，不能更好地改进工作，于是员工会感觉没有得到足够的重视与认可，自己在组织中是可有可无的，自己的建议对于组织而言是没有实际价值和意义的，一方面，这会打击员工的工作积极性、扼杀员工发言的意愿（Morrison & Milliken，2000），另一方面，社会交换理论认为，当员工感受到组织的尊重、信任、认可及其他方面的积极情感时，他会出于感激、满意、信赖等而希望回报组织的恩惠。反之，根据互惠原则，当员工认为自己未得到组织的认可时，他们心理上会出现不平衡感，即员工为组织的付出并没有得到与之相对应的回报，为矫正这种不平衡，他们倾向于减少对组织的情感投入，或降低对组织的认可，从而造成对组织的承诺降低。因而，员工沉默与组织承诺负相关。Edmondson（2003）认为，存在更多“声音”的组织可以通过提出自己的想法，使得团队内部更好地合作，可以分享工作经验，员工也会更自信，对组织的承诺也会更高。

四、决策质量

已有研究表明，除了亲社会性沉默具有积极的效果，一般认为沉默行为对员工以及组织都会产生不同程度的负面影响。对于组织而言，沉默行为使得组织内部的信息沟通交流存在障碍，多数情况下都是报喜不报忧，使得组织不能有效地学习与改进绩效；组织问题的相关信息不能有效地传递给管理者，而管理者基于不完全、不准确的信息很难做出有效决策。

员工基于不同的视域对组织信息进行自我提取、加工及过滤，虽然最终提供给管理者的是综合和折中之后的大多数人观点，但少数“不一样的声音”对决策过程及决策效果起着重要的衡鉴作用。这主要强调了多方视角和多渠道的观点对组织决策制定的重要性（Nemeth，1997）。而员工沉默则正与之相反，沉默导致信息的传递渠道不能良好运作，对组织的信息交流和纵向沟通形成障碍，造成多元化信息无法上达决策者（Morrison & Milliken，2000），尤其是缺乏有关组织问题的负面反馈信息，影响了组织发现和纠正错误的能力（Miller，1972）。同时，当组织缺少负面反馈时，往往容易“一叶障目”，只看到其好的一方面而忽略了潜在的隐患和问题（March，1991）。员工对那些本可以改善组织现状的好点子作了保留，因而组织的信息是不完全或不准确的；而且，缺乏广泛参与、没有经过各种观点的讨论和思想碰撞而形成的决策，往往不是好的决策。可见员工沉默严重影响组织的决策效能。由此可以看出，员工沉默与组织决策质量负相关。

以往研究中系统介绍了员工沉默与知识转移间的关系，知识转移包括初始阶段、实施阶段、调整阶段和整合阶段四个过程。初始阶段包括所有能促进知识转移的活动，如确认当前组织中的知识差距，而沉默的员工，作为知识的来源者，由于不能自由表达相关的知识，而导致知识差距不能被准确估算。当知识差距和搜寻策略确定后，知识转移将进入实施阶段，在这一阶段，知识的来源者通过阐述问题的体系、释义和目标，使知识流向接受者，而员工沉默，故意保留相关重要信息，降低了知识由源者流向接受者的数量和质量，增加了实施阶段的难度；整合阶段是接受者使用知识的阶段，而接受者的吸收能力主要取决于知识存量和源者；最后一阶段是整合阶段，这一阶段的满意结果是使用新获取的知识，而员工沉默为知识整合制造了不必要的障碍，当障碍出现且不被解决时，有可能使组织僵化或回归到知识转移前的状态，员工沉默将不利于使用新知识。总之，员工沉默能影响到知识转移的各个阶段。

对于组织决策和学习来说，员工沉默行为为知识整合制造了不必要的障碍，使得有关组织问题的负面信息不能有效地传递给管理者，而管理者基于不完全的信息而做出的决策缺乏正确性，Edmondson 指出组织沉默对组织的学习过程有着严重影响，由于员工保留对组织问题的观点和信息，使得组织丧失了很多创新的机会。同样，员工沉默对于组织成员进行信息分享，交流创造也带来了显著的不良效应，再者，在实践中，员工会对相关的信息进行过滤，提供给管理者的是大多数人的观点和看法，但少数人的观点对决策过程起着重要的反省作用。当然，这也不是说信息越多越好，过多的信息会使决策花费大量的时间，进而影响决策的效能。研究表明由于组织沉默限制了决策者获得多样化的信息进而影响了组织决策的效能。更重要的是组织沉默使得组织缺乏负面的反馈信息，使得组织不能及时有效地发现和纠正问题。有学者的实证研究也表明，组织中的“声音”更有利于组织绩效的实现，而沉默的存在显然使得组织缺乏负面的反馈信息，并因此阻碍了组织发现和纠正错误的能力，没有负面的反馈，错误倾向会更大（March，1991）。

研究表明，通过员工和上级更好地沟通，可以充分了解上级的想法和组织的目标，从而提供舒缓情绪的通道，员工情绪对于工作的干扰就会下降，使组织绩效得以提升，也可以建立共同责任，支援关系，营造出支持的、同心的、参与的、信任的管理氛围。并且能够平衡权力，减少政治行为，建立更好的伙伴关系，从而提高组织整体的决策质量。

第三章　员工进谏和沉默行为的比较研究

我们常会看到这样一种组织现象：由于担心组织及同事的报复或跟领导关系僵化而不敢发表自己的观点或看法，或因由情绪不佳、信心不足而漠视组织存在的问题等，其结果可能是一个好的主意被湮没或一个好的讯息没有得到分享，进而使组织丧失发展机会。随着管理精细化发展的需求和经济内涵式发展对创新的追逐，为保持竞争优势，组织必须持续改进产品、流程和服务。于是，理论界开始日益重视包括员工主动性行为在内的自愿工作行为。员工进谏和沉默行为的研究也受到了广泛关注（段锦云，2011；段锦云等，2007）。

当员工了解到组织中存在问题时，需要做出选择，是向管理者进谏还是保持沉默。只有准确理解进谏与沉默两者之间的关系，才能更好地促使员工积极参与进谏，为组织和企业的持久发展提供新的机遇。员工经常有一些可以促进工作或改善组织境况的建设性意见，有时他们选择提出这些观点，有时他们选择保持沉默。沉默意味着没有发表意见，而进谏则表示对组织中的重要问题发表意见，员工的进谏行为和沉默行为看似相反，却并非对立的两极，且在情绪中介下，两者还可以相互转化。表面上看起来相反的两事物，构念上并非是同一连续体的两极，正如“满意”的反面不是“不满意”而是“没有满意”一样。因此，准确区分这两个概念，并了解二者之间的关系就显得尤为重要。

针对员工进谏和沉默行为研究，《管理研究杂志》（*Journal of Management Studies*）就该主题发表了一期专刊，著名的 Emerald 出版集团出版了（2009）一本书“*Voice and Silence in the Organization*”。作

为两种代表性的员工自愿性工作行为，进谏与沉默的研究一直各行其道。本部分对以往的研究成果进行整合，以期能较为全面、动态地分析员工的这两种自愿性行为的关系。

第一节　员工进谏与员工沉默行为的对比分析

进谏是员工有意的行为表现，一般是亲社会性的，而沉默则不需要太多深思熟虑的思考。在高度恐惧和必须短时间作出决策的情境下，员工会做出无意识的沉默行为。员工的沉默行为和进谏行为并非相对立的两极（Pinder & Harlos，2001；Van Dyne，2003；Edmonson，2009）。本节将结合以往文献从概念、维度、影响因素及结果变量等方面加以辩证分析。

一、员工进谏和沉默行为构念内涵的比较

（一）员工进谏行为的内涵

现代汉语中，进谏的意思是对上级、长辈或朋友进谏规劝。在中国几千年的历史长河中，进谏的美传不胜枚举，其中最典型的莫过于唐代的魏征对李世民的进谏了。当今时代，随着科学技术的发展、商业和经济环境的快速变化，组织为了保持竞争优势必须不断地改进它们的产品和服务，这就需要组织具有相当的灵活性、创新性和适应性。于是，很多研究者开始认识到强调员工主动性的行为的重要性，进谏行为（voice behavior）就是其中之一。在新的时期，进谏被赋予了不同于以往的新而科学化的含义。

Motowildo 等（1997）认为，所谓进谏行为是指以改善环境为目的，以变化为导向，富有建设性的人际间的交流行为。这些行为主要包括为组织提供建设性意见，如怎样使组织状况得到改善、本部门其他员工如何开展工作，以及说服同事接受组织的观念、意见和指导等。

Jeffrey 和 Linn（1988）的研究证实，组织中的员工认识到进谏行为的存在并能区分它和助人行为的差别，并且上级会对进谏行为

给予奖励，因此进谏行为也列入了个人工作绩效之中。进谏行为的目的在于改进，所以它不等同于简单的批评行为，简单批评行为首先可能是出于多样化动机，可能是利己也可能是利他，其次，简单批评行为的目的可能在于体现自己的睿智，通过批评他人不当行为来树立自己的形象，而不同于进谏行为是在于改进组织工作；它也不同于助人行为，短期内员工进谏行为有可能会导致人际间的冲突，所谓忠言逆耳，而助人行为不会破坏人际关系而是有助于发展人际关系的；同时它也不同于抱怨，抱怨仅仅是一种发泄，一种对现状的不满，自己心有不甘或是受到了不公正待遇而表现的一种情绪宣泄，而不具有改进的目的。进谏行为的维度不是单一的。从进谏的内容来看，员工提供的意见可以是循规蹈矩的，也可以是大胆创新的；从进谏的方向来看，可以是下级对上级的，可以是相同等级的同事之间，也可以是上级对下级；从进谏的方式来看可以是和颜悦色的和咄咄逼人的两种。在不同的情况下以及一些深入的研究中需要考虑进谏行为更精细的方面，进谏行为属于一种角色外行为，在工作说明书中没有做出明确规定。但对一些特定工作，进谏行为则属于角色内的，如审计员、检察官等。

在管理学文献中，Voice 被赋予两种不同的概念解释（Van Dyne，Ang & Botero，2003）。第一种是用 Voice 这个名词描述一种特定的直言行为（Speaking up behaviors），比如员工主动为变革提出建议（LePine & Van Dyne，1998），国内学者多数采用这种概念形式（段锦云和钟建安，2005）。

另外一种是用 Voice 来表示正当处理流程（Due process procedure）的一个结构特征，实质是组织主动给员工创造表达观点的机会，借以加强员工公平感知和决策参与，比如设立意见箱或申诉系统。尽管这两种定义都是阐述重要的管理问题，但是本文研究仅仅关注前者，即着眼于员工行为，而不是组织流程。

进谏概念最初是由 Hirchman（1970）提出，他认为进谏是组织成员对组织层面的满意度降低所作出的政治性回应，是员工试图改善不满意的状况而做出的努力。他在关于进谏、换岗、离职和忠诚的模型中提出，雇员在工作满意感低时往往会作出两种反应：进谏和换岗或离职（exit）。对组织忠诚度高的雇员更多地选择进谏而不是换岗或离职。后来 Rusbult 等学者（1988）在 Hirschman 的理论基础上发展 EVLN 理论框架，他们认为离职（exit）、进谏（voice）、效忠（loyalty）和漠视（neglect）是员工面对不满意情境的四种应对策略，其中进谏和忠诚是建设性的，而离职和漠视是具有破坏性的；进谏、离职是主动的，而忠诚和漠视是被动的。但是进谏是唯一能够促进组织和个体双赢的建设性行为。至此，进谏便作为 EVLN 理论框架的构成部分而被人熟知，不过也有越来越多的学者在 EVLN 框架之外对进谏做了独立的研究（Van Dyne & LePine，1998；Zhou & George，2001）。

Graham 和 Van Dyne（2006）直接将进谏定义为公民道德（civic virtue），这是另一种形式的周边绩效。不过，Parker 和 Collin（2008）在他们的研究中特别强调，像进谏这类的先动性行为不能简单地等同于角色外行为，因为角色内和角色外的分界线本来就很模糊，而且往往取决于员工自身如何推断他们的角色边界（Morrison，1994），有些员工可能认为进谏只是他们的工作职责。此外，进谏还曾被作为个人主动性（personal initiative）构念的一部分（Nikolaou，Vakola & Bourantas，2008）。个人主动性指的是员工为了实现目标而自发表现出来的积极主动的工作行为，员工的个人主动行为不总是受人欢迎，他们的主管甚至会认为高水平的个人主动性是叛逆的一种体现。同样的，进谏通常也不受公司管理层的欢迎，那些在工作中大胆指出问题或者提出建议的个体可能会被视为麻烦制造者，甚至被其同事和主管孤立。实际上，个人主动性和进谏只是个体先动性（individual proactivity）的不同表现形式（Parker & Collins，2010），它们都反映了个体在行为上的积极进取倾向。

近年来，关于周边绩效（contextual performance）和组织公民行为（Organizational Citizenship Behavior，简称 OCB）的研究得到了广泛关注，这是两个和进谏行为相关的概念。组织公民行为是一种有利于组织的角色外行为和姿态，既非正式角色所规定的，也非劳动报酬合同所引出的，而是由一系列非正式的合作行为所构成，它是一种有利于组织的合作行为，也是一种道德行为。有的研究学者把工作绩效划分为任务绩效（task performance）和周边绩效，任务绩效是指任务的完成情况，即职务说明书中所规定的绩效；周边绩效是指一种心理和社会关系的人际行为，是一种有助于完成组织工作的活动。它涉及职责范围外自愿从事的有利于组织和他人的活动。正是这种周边绩效构成了组织成员间的情感环境与人际关系，另外它也是构成组织气氛的因素之一。

（二）沉默行为的内涵

早期关于沉默行为的研究主要集中在社会学、语言学和人类学等领域。沉默行为在组织研究领域很少受到学者的关注，直到2000年Morrison等正式提出了组织沉默这一概念，沉默行为才引起组织领域学者们的重视。据《工业周刊》报道，通过对不同企业845名直线主管的调查发现，只有29%的一线主管认为他们的组织鼓励员工自由表达自己的观点。有学者通过对美国22个不同组织260名员工的访谈发现，70%以上的员工害怕表达他们在工作中遭遇到的问题。由此可见，沉默行为普遍地存在于组织之中，为了深入揭示组织中员工沉默行为的发生机制和影响机制，近年来越来越多的学者开始致力于员工沉默行为的研究，沉默行为已成为组织研究领域的一个新热点。但由于沉默行为具有隐蔽性且难以测量的特点，早期学者们主要采用案例研究和定性研究等方法探讨沉默行为的维度、影响因素以及影响效果。近几年来，随着对沉默行为的深入研究，对沉默行为的实证研究已取得一定成果。

通过对现有文献的梳理发现，根据沉默行为的不同研究层次，可将沉默行为分为组织沉默（组织层面）和员工沉默（个体层次）。Morrison等最早研究组织中沉默行为，他们采取一种自上而下的研究视角，主要关注组织层次的沉默行为，并将组织沉默界定为员工对组织中潜在问题持保留意见的一种集体现象（Morrison & Milliken，2000）。它包括各种不同的形式，如会议中的集体沉默、对建议项目的低参与度、集体进谏水平不高等（Huang et al.，2005）。

作为对自上而下研究视角的补充，Pinder 等从个体层次界定了员工沉默。员工沉默行为指当员工有能力改变组织绩效时，却保留对组织环境的认知和情感评价等方面的真实看法。Pinder（2001）认为组织是一个嵌入个体、团体的多层级结构，清晰界定研究变量的层次结构是组织行为学研究的重要前提。组织中不同层次的沉默行为虽然都具有“保留观点”这一核心要素，但由于其处于不同的研究层次而具有不同的概念内涵。

现有文献尚未明确地区分组织沉默和员工沉默的差异，本书在系统梳理和回顾现有文献的基础上，认为员工沉默和组织沉默主要存在以下区别：首先，沉默主体不同。虽然沉默行为的主体都是人，但员工沉默是一种自下而上的沉默，主要指员工个人的沉默行为。而组织沉默是一种自上而下的集体现象，组织沉默的主体既可以是组织中的员工、领导，也可以是组织自身，即使组织沉默的主体是员工，也不是指员工个人，而是指组织中的大部分员工或所有员工，是一种群体性的沉默现象。其次，沉默对象不同。郑晓涛等（2013）在研究员工沉默时指出，组织中存在着员工与组织、上级和同事等多种社会交换关系，对应的员工沉默情形可分为：由于对领导或组织的不满、恐惧和不信任而对其保持沉默；由于不和谐、不信任的同事关系而对同事保持沉默，即员工沉默的对象包括同事、领导和组织。而组织沉默的对象更为复杂，包括员工、领导、组织以及利益相关者。最后，沉默动因不同。员工沉默主要包括基于社会交换动因的沉默，由于对组织、领导、同事的不认同，出于消极互惠而对其保留具有建设意义的想法；出于自我保护动机而产生的利己性沉默，员工沉默的具体动机不尽相同。而组织沉默的动因有可能是受到组织文化、组织利益、领导个性特征的影响，也有可能受到员工的影响，如企业在广泛征求意见时，员工普遍共享无作为信念而集体保持沉默。总之，组织沉默动因较之员工沉默更为复杂、难以预测，组织沉默有可能受到组织历史、文化传承的影响，因此，较之员工沉默，组织沉默更难预测和打破。

Pinder 和 Harlos（2001）认为，沉默行为是员工有能力改进当前组织状况却有意保留了对组织环境在行为、认知或情感上的评价，没有把自己的意见或观点告诉给能做出改变或矫正的人的组织现象。Morrison 和 Milliken（2000）则将沉默行为上升到组织层面，认为组织沉默是一种员工对组织中潜在问题保留个人观点的组织文化现象。与此同时，他们认为人们通常会对以下行为保持沉默：人际关系间的冲突、对领导或组织决策的不满、工作中专业知识的缺乏、发现违法行为，以及个人的委屈或不公平知觉等。

（三）员工沉默与员工进谏的内涵比较

由此可见，员工进谏和沉默是两类表现形式不同，但又高度相关的员工自发的角色外行为。沉默行为只是没有直接的言语交流，而不是没有传递不满或对组织功能完善做出思考或准备。从表面上看沉默和进谏似乎是一个相对的概念，沉默即没有进谏，然而，由于沉默和进谏传递内容及其背后动机的差异性，进谏与沉默的关系并不像其字面意思描绘的那样简单。沉默和进谏的最大区别并不在于是否表达观点和看法，而在于行为背后所隐藏的动机，进谏是一种亲社会行为，其动机源于为组织发展或变革提出自己的想法、信息和意见的欲望，而员工沉默主要基于自我保护、避免徒劳无益的努力或其他动机（段锦云，2012）。较之进谏行为，沉默行为的动机更复杂，并且由于沉默行为没有产生实际的言语表达或动作行为，其提供的行为线索更少，导致沉默行为更难被观察者知觉，所以沉默动机更容易被错误归因。此外，进谏的动机与其结果具有一致性，而员工沉默带来的结果可能与最初想法不尽相同或是与最初的动机背道而驰，例如，机会主义沉默主要基于实现个人利益的动机，但研究发现机会主义沉默正向影响员工压力，对员工幸福感具有负面效应。而沉默是一个多层次的组织行为，其结构和动机较之进谏行为更为复杂，组织中的沉默行为可分为组织沉默和员工沉默两个不同的构念，而进谏行为则不存在这种多层次性，主要指个体层次的员工进谏。因此，组织中的沉默行为和进谏行为是两个不同的构念，不能简单地将进谏行为的研究成果应用到沉默行为之中；同时也不能简单地将员工沉默行为与员工进谏行为看成是完全对立相反的两极。

二、进谏和沉默的维度的比较

学者们从不同的视角出发，将进谏行为和员工沉默分成了不同的维度。

（一）员工进谏行为的维度

1. 社会型进谏、防御型进谏和默许型进谏

Van Dyne 及其同事（2003）首次提出了进谏的多维概念，将其定义为："员工有意表达与工作相关的想法、信息和观点。"基于性质和目的将进谏分为亲社会型进谏、防御型进谏和默许型进谏。亲社会型进谏是员工积极主动地表达有益于组织的建议，它是一种自由决定的行为，不能由组织所要求；防御型进谏是为了自我保护的，它被定义为安全以及安全决策、承担很少的个人责任以及把结果归因于外在的因素；默许型进谏是基于顺从的动机，对与工作相关的想法、信息和观点的口头表述，是一种相对消极的行为。

2. 促进性和抑制性进谏

Liang 等（2012）将进谏划分为促进型进谏（promotive voice）和抑制型进谏（prohibitive voice）。这两种进谏行为都是员工自发的、未被正式要求和规定的角色外行为，符合组织的利益并具有重要的作用，促进型进谏是未来导向，指员工提出创新性的建议使得组织或者团队的绩效或实践等变得更好；抑制型进谏既是过去导向也是未来导向，指员工指出组织存在的已经损害或有可能损害组织或团体利益的问题。

（二）员工沉默行为的维度

1. 沉默行为的二维度划分

Pinder（2001）从员工态度的角度进行分析，将员工的沉默行为分为默许的沉默和无作为的沉默两种。默许的沉默是指对个人观点进行消极地保留；无作为的沉默是指对自己进行保护，避免因发表意见，带来人际关系矛盾，进而对自己构成伤害。

2. 沉默行为的三维度划分

Van Dyne（2003）从内在动机的角度将员工沉默分为默许性沉默、防御性沉默、亲社会性沉默三种。与 Pinder 的默许沉默和无作为沉默相比，Van Dyne 的默许性沉默和防御性沉默的概念有较大的相似性，而亲社会性沉默指的是员工从利于他人的动机出发，为避免进谏给他人带来不利影响而保留相关想法和信息的行为。而郑晓涛（2008）从中国背景考虑，将员工沉默分为默许性沉默、漠视性沉默和防御性沉默。

3. 员工沉默行为的四维度划分

关于员工沉默行为的四维度的划分，国内学者也以不同的角度为依据进行了相应的分类。梁颖（2009）根据前人的一些研究，认为员工沉默是由防御性沉默、退缩性沉默、回避性沉默和亲社会性沉默组成。孔凡柱（2009）从企业管理视角，认为员工沉默分为个体沉默、群体沉默、同行沉默和上行沉默四类。Knoll 等（2013）认为沉默动机受到问题的类型、情境及其对员工重要程度的影响，在 Pinder，Van Dyne 和 Brinsfield 研究基础上将员工沉默分为机会主义沉默、默许性沉默、无作为沉默和亲社会沉默四个维度。

（三）维度划分比较

对于员工沉默行为和进谏行为的维度划分，主要是基于这两种行为产生的动机，其中有利于对员工进谏和沉默行为维度进行比较研究的是 Van Dyne 等（2003）的三维模型。基于员工的动机，Van Dyne 等（2003）区分了三种类型的员工沉默行为和三种对应的进谏行为。默许性沉默、防御性沉默和亲社会性沉默，与此相对应的是默许性进谏、防御性进谏和亲社会性进谏。出于默许性的沉默和进谏都是一种因无力改变而消极顺从的行为，在动机上二者具有一致性，出于防御性的沉默行为与进谏行为都是出于自我保护的目的，防止对自己造成不必要的伤害或损失，亲社会性进谏和亲社会性沉默有一定的可比之处，因为他们都是主动的、有意的、利他的，而且都需要付出努力。由于观察者在判断员工动机时，沉默提供了更少的行为暗示，使得员工沉默行为比员工进谏行为更加模糊，观察者更容易错误归因员工沉默背后的动机。沉默与进谏维度的对比如表 3-1 所示。

表 3-1 沉默与进谏维度对比

沉默三维度	进谏三维度	相同点	不同点
默许性沉默	默许性进谏	因无力改变现状而消极顺从的行为，动机一致性	最终的行为方式不同，带来的结果是不同的，并非都是利于组织或者有害组织发展的
防御性沉默	防御性进谏	防止对自己造成不必要的损失	
亲社会性沉默	亲社会性进谏	主动的，利他的，都需要付出努力	

三、影响因素比较

员工沉默和进谏行为都是由个体特征和组织情境的相互作用决定的，要想准确把握二者的联系和区别，需要从其影响因素上探求其作用机制，从而了解员工沉默行为与进谏行为产生的原因。

（一）员工进谏行为的影响因素

1. 影响员工进谏行为的个体因素

任何行为都是个体与环境相互作用的结果，研究进谏行为的影响因素也可以从个体和环境两个角度出发。从个体角度来看，个性、认知风格、工作满意感、年龄和受教育程度等都是影响因素；从环境的角度来看，团队规模、团队的管理风格以及上司等都是影响因素。Jeffrey 和 Linn（1988）研究了人格五因素和进谏行为的关系。结果表明，五因素与进谏行为的相关系数分别为：外向性是+0.30，责任心是+0.26，开放性是+0.09，神经质是-0.12，宜人性是-0.16，只有开放性与进谏行为的相关性没有达到显著水平。从这些结果可以看出：个性因素中，外向型气质、对组织富有责任心的员工会表现更多的进谏行为；而那些具有神经质或容易顺从别人意见的员工则很少表达自己的意见，因此进谏行为相对较少。另有研究表明，年轻而又受过良好教育的人会表现更多的进谏行为。对于员工的认知风格对进谏行为的影响，研究结果表明，创新型认知风格的员工（innovator）会更多地提供新颖的建议，而适应型认知风格的员工（adaptor）则更多地提供常规的建议。另外，Jeffrey和Linn（1988）还研究了情境和个性因素共同对进谏行为的影响。结果表明，在以下情况中员工会表现出更多的进谏行为：职员的工作满意感高、自尊水平高、处于自我管理型的团队中、团队规模小。相反，员工自尊水平低、团队规模大而又处于传统的管理模式之中，员工就倾向于表现出较少的进谏行为。

在进谏行为方面，首先如果员工把自己的建设性建议和想法告知上级领导，并得到上级领导的重视及鼓励，此后员工的进谏积极性会提高；反之，员工的进谏意愿和积极性就会受到重创，进谏行为会减少。其次，进谏行为也取决于员工对自我工作能力的信心，高信心者会较多地产生进谏行为，低信心者的进谏行为相对较少。而自我效能感正是员工对自身工作能力的一种判断（Cole et al.，1995），高自我效能感员工对自身工作能力更有信心，所以会较多地向上级汇报自己的看法，即增加进谏行为。最后，进谏是员工参与组织管理的形式之一，进谏行为可以体现员工的主人翁意识，发挥员工的主观能动性，进而促进提升其工作控制感。所以，在对组织提出建设性意见或建议时，高自我效能感的员工很少担心因进谏失败而引起周围人的消极反应。因为高自我效能感的员工会比低自我效能感的员工更易于向上级提出自己的建设性意见与想法，这表明，进谏行为是个体彰显自身能力的有效途径。

2. 影响员工进谏行为的领导因素

当领导行为传递积极的信息时，则会通过增加员工感知到的进谏效果和降低员工感知到的进谏风险促进员工的进谏行为。如变革型领导通过个人认同影响员工向上的进谏行为，通过社会认同影响员工水平的进谏行为；伦理型领导向员工和团队传递了安全的信息，通过团队心理安全促进员工的进谏行为。反之，当领导的行为传递消极的信息和线索，增加了员工感知到的进谏风险，可能会抑制员工的进谏行为。包容型领导各维度（开放性、可利用性、易接近性）对员工进谏行为都具有积极影响。这说明当领导者乐于采纳员工的建议时，员工会因领导者对自己的信任而进行积极反馈，当领导者表现出平易近人且能指导员工工作和提供资源的风格时，也会促进员工进谏行为的发生。威权领导者强调其不容置疑的绝对权威，严格控制下属，要求下属绝对服从，具体包括控制和支配、低估下属能力、建立至高无上的形象及以教诲的方式命令下属等立威行为。威权领导对下属的促进型进谏行为和抑制型进谏行为都具有消极影响，且对抑制型进谏的影响程度大于对促进型进谏的影响程度。魅力型领导者在工作过程中对员工产生一种感召力，并以此取得下属的信任，让下属愿意接受其领导行为，共同实现组织目标，因而能够有效促进进谏行为。谦逊领导者对下属也赋予了更多的欣赏和尊重，下属也更容易消除顾虑向领导表达自己的建议或看法。真实型领导鼓励下属员工自我表达，支持自主性，接受非传统和打破常规的想法，接受下属的质疑与挑战。实证研究表明虐辱型领导的行为使得员工产生心理背离进而抑制了员工的进谏行为。

3. 影响员工进谏行为的组织因素

进谏行为是指员工以改进组织绩效或提升企业竞争力为主要目的，表现出的并非个人必须做出的对建设性意见的表达行为。Liu，Zhu 和 Yang（2010）将进谏行为区分为进谏上司和进谏同事，结果发现进谏上司与员工对上司的认同相关，进谏同事则与员工对组织的认同相关。可见，进谏的行为对象不同，其影响因素和发生机制也不同。较之对同事的进谏，进谏上司能够更直接地影响组织。

进谏行为是一种积极的角色外行为，以往的研究表明公平感是导致角色外行为的重要原因。公平感的研究始于公平理论，其关注的是分配结果的公平性；之后学者又对公平感的概念做了扩展，提出程序公平感与互动公平感的概念。周浩和龙立荣（2011）的研究发现，分配公平主要影响与分配结果有关的变量，程序公平主要影响与组织有关的变量，互动公平主要影响与上司有关的变量。

进谏上司直接指向上级，因此互动公平感可能是重要的影响因素。员工感受到互动公平意味着受到上级的信任、重视和尊重，基于社会交换理论的互惠原则，员工会做出一些角色外的主动行为来回报上级，其中就包括为上级建言献策。同时，进谏行为具有挑战现状的特征，具有风险性。上级的公平对待作为员工心理安全感的重要来源，恰恰能够为进谏行为提供基本的安全保障。反之，员工感受到互动不公平，意味着上级对自己冷漠、不够尊重，上下级之间的互惠关系以及心理安全感都会受到负面的影响，员工会减少进谏上司这种角色外且具有风险的行为。综合可知，互动公平感对员工进谏上司有积极影响。

组织支持感也会影响着员工对组织的看法，此看法也会影响员工的角色认同和工作动机等，从而促进或抑制以变革为导向的员工进谏行为。

（二）员工沉默行为的影响因素

为揭示组织中沉默现象的发生机制，学者们通过理论研究和实证研究等多种方法探讨组织中沉默行为的影响因素。总体而言，影响员工沉默行为的因素可以概括为个人因素、领导因素和组织因素。

1. 影响员工沉默行为的个体因素

研究表明个体特征（缺乏经验和阅历）、组织特征（官僚的和非支持的）以及与上级的关系（支持的和关系疏远的）是影响员工保持沉默的重要变量，而员工个体的心理知觉的影响是最主要的。主要包括以下几点：担心被贴上不好的标签，担心破坏与同事的关系。Brinsfield（2009）研究了人口统计学变量对员工沉默的影响效果，实证研究发现女性比男性表现出更多的关系性沉默行为，因为女性更倾向于采用微笑或点头的方式来鼓励合作和改善关系。而员工受教育水平对员工沉默行为具有负向影响，较之没有大学文凭的员工，有大学文凭的员工由于更具自信心，会表现出更少的沉默行为。而 Detert 等（2010）通过对 439 名全职员工的调查发现，性别、受教育水平和薪资水平对员工沉默行为并不存在显著影响，但性别和专业水平对员工沉默行为具有交互作用，非专业的女性会比专业的男性表现出更多的沉默行为。

此外，部分学者探讨了人格特征与员工沉默行为的关系。Pinder 等（2001）以不公平组织情境为背景，研究了不同性格特征对沉默行为的影响。结果表明，外控人格、沟通焦虑高和自尊水平低的员工会表现出更多的无作为沉默。Brinsfield（2013）通过实证研究发现，员工的神经质特征与偏差性沉默和无效性沉默存在显著的正向关系。

Knoll 和 Dick（2013）等认为真实性水平高的员工在做决定时更多地依赖自己内心的真实想法而非外部环境因素，而沉默行为不利于员工表达自己的真实想法，因此，为了遵循自己内心的承诺，真实性水平高的员工会更少地选择沉默行为。结果证实：真实性与默许性沉默、无作为沉默、亲社会沉默和机会主义沉默均存在显著的负向关系，且组织认同水平越高，真实性对沉默行为的负面作用越强。

心理因素是预测员工行为的另一重要因素，研究发现心理安全、信任、工作满意度、组织认同、工作组认同、专业承诺、组织承诺等积极心理状态对沉默行为的不同维度均有预测作用。保护自己或他人不受伤害是员工实施沉默行为的重要动机之一，所以员工对环境的安全感知会影响其沉默行为。研究发现，心理安全与防御性沉默、缺乏自信性沉默、关系性沉默显著负相关。员工保持沉默有时是为了避免风险，而信任能够提升员工自愿承担风险的意愿，因此，当员工信任主管时，即使知道表达信息、观点和想法对自身会存在一定的负面影响，员工还是会选择分享信息。实证研究证实对主管的信任与防御性沉默负相关（Brinsfield，C. T.，2009）。Knoll 等（2013）研究表明，工作满意度与默许性沉默（$r=-0.5$）、无作为沉默（$r=-0.26$）显著负相关，组织认同与默许性沉默显著负相关（$r=-0.42$）。Tangirala 等（2008）以医院护士为研究对象，通过跨层次分析发现，工作群组认同（work-group identification）、专业承诺对员工沉默有显著的负效应，且团队的人际公平在这一作用过程中起调节作用，组织承诺对防御性沉默具有显著的负效应。

2. 影响员工沉默行为的领导因素

在组织行为领域，领导因素一直被视为预测员工行为的重要变量。现有研究通过调查统计发现，在影响员工沉默的众多因素之中，管理因素（频率）位居第一，具体包括“我不信任主管”、“主管不守承诺”、“主管不支持进谏”等。Milliken 等通过对 40 名全职员工的访谈探究员工沉默的原因，结果发现有 30% 的人提及“领导关系”，具体包括领导不支持和权力距离，中国情境下的研究也证实，上下级关系对员工沉默具有显著的负效应，且能弱化传统价值观（集体主义倾向、个人传统性）对员工沉默的负面影响。在组织中，领导成为避免组织形成沉默文化和倡导组织形成开放文化的第一道防线。领导的信念和态度是组织中沉默行为的重要来源，研究表明高管和主管对待沉默的态度对员工沉默具有显著正向影响。管理者担心负面的反馈以及管理者内在的一系列理念（例如担心从下属得到负面反馈，员工是自私的不值得信赖的，管理者才是最了解组织中重要问题，和谐一致是组织健康的体现）。正是基于上述的一些理念，组织才会选择集权的决策，并缺乏上行信息的反馈机制，进而在组织中形成了沉默的氛围。Milliken 等（2003）指出上下级之间的官僚关系强化了组织沉默的出现，如果领导能够为员工提供心理上安全的组织氛围，则有利于消除沉默行为。此外，大量研究表明领导公平能有效地抑制组织中的负面行为，在公平的领导情境下，员工不会因发表自己的想法、观点而受到惩罚、报复等不公对待。Duan 等（2010）的实证研究表明领导公平与员工沉默显著负相关（$r=-0.53$），且情感承诺在这一作用机制中起部分中介作用。

3. 影响员工沉默行为的组织因素

组织伦理氛围指在伦理上什么样的行为是正确的以及在组织中应如何处理伦理问题的一种共享认知，它是组织成员决策和行为的重要指导方针，影响着员工对组织问题发表自己观点的意愿。Wang 等（2011）通过跨层次研究讨论了组织伦理氛围（工具性氛围、关怀氛围、自主氛围、规则氛围、法律法规氛围）与员工沉默（默许性沉默、防御性沉默）间的关系。结果发现，工具性氛围、关怀氛围、自主氛围均对沉默行为有显著影响，且感知到的组织支持在这一影响过程中起中介作用；而规则、法律法规氛围对沉默行为没有显著影响，因为它们一方面鼓励员工对组织中存在的问题积极发表自己的看法，另一方面也规定了对违规行为的严厉惩治措施，所以在这种氛围下，员工对发表意见常常持犹豫的态度。

Morrison 等在组织氛围理论的基础上，定义了组织沉默氛围——发表意见是危险的或无效的一种集体共享的心理体验。Knoll 等（2013）认为组织沉默氛围契合了员工沉默动机，对员工沉默的各个维度均有预测作用。结果发现，组织沉默氛围与无作为沉默（$r=-0.40$）、默许性沉默（$r=-0.65$）、机会主义沉默（$r=-0.35$）的相关关系显著，但组织沉默氛围与亲社会沉默的关系没有通过显著性检验，这说明安全的进谏环境并不能抑制亲社会沉默。公平的组织会尊重员工的尊严和价值，允许员工挑战权威。组织公平满足了员工有关控制、归属、自尊和存在价值的心理需求。公平的组织情境，一方面增强了员工影响和改变组织的信念，另一方面降低了员工对于发表意见会带来不利影响的担忧。而徒劳无益和担忧害怕是员工沉默的主要动机，因此，组织公平能有效地抑制组织中的沉默现象。Whiteside 等研究了组织公平与员工沉默间的关系。结果表明，组织公平和默许性沉默（$r=-0.36$）、无作为沉默（$r=-0.16$）显著负相关。而 Tangirala 等研究了组织公平不同维度对员工沉默不同维度的影响效果，结果发现，程序公平与员工沉默之间显著负相关（$r=-0.077$），程序公平与默许性沉默（$r=-0.41$）、防御性沉默（$r=-0.47$）均显著负相关，人际公平与防御性沉默（$r=-0.50$）显著负相关。有学者在中国情境下，基于"分配公平-互动公平"的二维度组合，进一步研究了组织公平组合与员工沉默行为的影响效果，结果发现，在"低分配-低互动"公平氛围中，最容易导致员工沉默行为的发生。在不同文化背景下，组织公平对沉默行为均具有显著的影响效果，且组织公平的不同维度及其组合对沉默行为存在不同程度的影响效应。

（三）影响因素比较分析

我们可以将员工进谏和沉默行为的影响因素归结为两类：（1）完全不同的影响因素。比如主动型人格是进谏的积极预测源，与沉默却不相关，因为主动型的人能够注意到更多可以进谏的事情（因此进谏的频率较高）。（2）相同但影响方向相反的因素。比如领导者因素和组织伦理氛围能够显著作用于员工行为，自尊、自我监控、工作满意感（Hischman，1970；Farrell，1983）、心理安全（Edmonson，2003；Pinder & Harlos，2000；Detert & Burris，2007）和程序公平（Tangirala & Ramanujam，2008）对员工进谏和沉默行为的影响方向是相反的。当员工的心理安全感越强时，在面临组织中存在的问题时，会更可能选择进谏行为，而减少防御性沉默行为，同样，当员工的公平感知越强时，其更有可能选择进谏行为，由于对组织有较高的信任和承诺，因而会减少沉默行为。

四、结果变量比较

（一）员工进谏行为的影响效果

进谏（voice）在组织管理中一直是个引人注目的话题。尤其是在当今瞬息万变的市场环境中，仅凭高层决策就能“一切尽在掌握”的时代已经一去不复返（Detert & Burris，2007）；而员工进谏有助于改进决策质量（Ashford & Dutton，1993），或及时纠正问题和预防危机（Frese & Fay，2001），并促进团队和组织学习（Edmondson，2003），因而对企业的灵活性、创新性和适应性至关重要。

（1）公平感。进谏行为对组织最大的影响之一是对员工公平感的影响。给员工提供献言的机会能导致他们公平的知觉。有研究表明，随着员工进谏行为数量的增加，他们对公平的知觉、控制感和工作满意感都增加，但这一过程不呈线性关系。进谏的效度，即进谏被采纳的程度或数量，也是重要的影响因素。研究表明，给员工提供的进谏机会对程序公平的知觉影响甚微，而自己感觉到的进谏机会才导致程序公平的知觉。当进谏效度低时，进谏行为对程序公平知觉有负面影响。这也就是说，为员工提供的进谏机会他们不一定感觉得到，他们可能会认为机会不属于自己。而只有感觉到了进谏机会才导致程序公平的知觉。另外，如果员工为组织绩效提升提出了有效的进谏，但管理者不予理睬，这会使他们产生不公平的感觉。因此，对管理者来说，一方面要顾及所有员工的感受，真正做到公平，不能只对某些员工有所暗示和期许；另一方面，对所有员工要一视同仁，不能因为某种原因而对某些员工的进谏置之不理。

（2）员工离职。通常认为，员工在面临复杂情境或者察觉到工作改进的机会时，会选择两种行为，一是勇敢地表达自己的观点，二是选择离开组织来应对这种相对次优的组织状态，员工离职主要是源于内心对于组织的不满，那么这两种选择之间是否存在直接关系呢？Barry（1974）指出进谏和离职之间是直接负相关的，即员工选择进谏就会留在本公司，而不会离职，但事实上，员工进谏之后的结果可能也会影响员工的离职倾向，即进谏也会带来更高或更低的离职率。根据 McClean 等（2013）的研究表明，员工进谏可能会带来更高或者更低程度的离职率。这与管理者进行变革的能力和意愿息息相关。研究表明，进谏会带来三种不同的效果，原有的组织状况得到改善，原有组织状况保持不变，原有组织状况变得更糟。当管理者有能力和意愿进行组织状况的改进时，即员工的进谏得到了采纳，一方面，组织绩效得到有效提高，另一方面，员工感觉到了组织的尊重和关注，认为组织是关注他们的，而他们自己的意见和观点也是有价值的，因而会更愿意留在组织中，此时，员工进谏与员工离职之间是负相关关系。当领导者没有能力或者意愿进行组织变革时，即员工的进谏没有得到合理的采纳和运用，员工进谏与员工离职之间是正相关关系，此时员工会觉得自己是无价值的，组织中其他员工也会对组织改进失去信心，认为组织不关注自身的意见和观点，有一种强烈的失落感，这种对组织的不满和失望的情绪体现在工作中，就会引发一系列不良的行为表现，员工会降低自己的努力程度，工作不认真，迟到早退甚至会出现一些不利于组织的反生产行为。更有员工会选择直接离职，这些表现不佳的员工会导致组织绩效的下降，因而也会带来被动离职，即被管理者解雇。因而可以发现，员工进谏与离职之间的关系并不是简单的负相关，其会受到管理者变革的能力和意愿的影响。

（3）组织效能。随着虚拟组织，学习型组织的发展，组织需要能够更好地对外部环境变化做出应对，组织发展就显得更加重要，组织不该是一成不变的，不能顺应时代发展的潮流，必将会被淘汰，那么如何才能做到持续改进呢？仅仅依靠高层管理者很难做到全面改进，员工是组织发展前进的重要力量，为了能够更好地了解市场行情、变革要求，需要充分汇集员工的集体智慧，促使他们敢于发言，为组织发展建言献策，由于现代企业的蓬勃发展，组织之间的差异越来越小，因而，即使是很小的改进也是拉开企业差距的关键。

（二）员工沉默行为的影响效果

员工的沉默无论是对员工个人还是对组织都会产生重要影响。

1. 员工沉默行为对员工的影响

Morrison 和 Milliken（2000）认为，沉默会对员工产生三个方面的影响：感到没有被重视、感到缺乏控制以及认知失调。

其一，当员工知觉到他们不能完全地表达自己的观点时，就会觉得自己没有受到充分的重视，进而会减少对组织的信任与承诺。其二，当员工处在保持沉默的组织氛围中，他们会感到对环境缺乏控制，因为员工的环境控制感的一个重要来源就是自由地表达他们的观点和偏好。缺乏控制感强化了员工的焦虑和压力，可能诱发与压力相关的疾病，导致员工玩世不恭、消极怠工。其三，当员工有表达观点的意愿却放弃的时候，会存在实现认知一致性的压力，而此种认知失调会带来心理紧张和工作倦怠。

通过系统地分析员工沉默各个维度对员工压力、幸福感和离职倾向的影响效果发现，默许性沉默、无作为沉默和亲社会沉默与员工幸福感显著负相关，与员工压力、离职倾向显著正相关。而机会主义沉默与幸福感、压力之间的假设关系没有得到验证，可能它们之间的关系受到某些调节变量的影响。

对于员工沉默与知识转移间的关系，研究表明，知识转移包括初始阶段、实施阶段、调整阶段和整合阶段四个过程。初始阶段包括所有能促进知识转移的活动，如确认当前组织中的知识差距，而沉默的员工，作为知识的来源者，由于不能自由表达，导致知识差距不能被准确估算。当知识差距和搜寻策略确定后，知识转移将进入实施阶段，在这一阶段，知识的来源者通过阐述问题的体系、释义和目标，使知识流向接受者，而员工沉默，故意保留相关重要信息，降低了知识由源者流向接受者的数量和质量，增加了实施阶段的难度。整合阶段是接受者使用知识的阶段，而接受者的吸收能力主要取决于知识存量和源者。最后一阶段是整合阶段，这一阶段的满意结果是使用新获取的知识，而员工沉默为知识整合制造了不必要的障碍，当障碍出现且不被解决时，有可能使组织僵化或回归到知识转移前的状态，员工沉默将不利于使用新知识。总之，员工沉默能影响到知识转移的各个阶段，且变革型领导能有效地缓解员工沉默对知识转移的阻碍作用。

2. 员工沉默行为对组织的影响

一方面，员工沉默使得正面的信息被迅速传递和夸大，负面的、不利的信息被隐瞒或者过滤扭曲掉，出现信息失真和不完整，从而影响了组织的决策质量和效果。另一方面，员工沉默使得组织缺乏负面的反馈信息，令组织不能及时有效地发现和纠正问题。相反，管理者甚至会错误地将这种沉默认为是组织和谐的表现。另外，在组织学习、创新和变革的过程中，由于员工保留对组织问题的观点和信息，会导致组织丧失许多创新的机会。员工加入组织有发挥自己才能、发表意见和影响组织的欲望。当这种欲望得不到满足时，员工便会产生不满情绪，进而影响到员工的组织承诺与工作满意度，进而会导致情绪耗竭、压力和离职倾向等心理感受。研究发现，员工沉默和组织承诺、工作满意度显著负相关。默许性沉默说明员工对控制组织和存在价值的需要未被满足，而无作为沉默说明员工对归属和安全的需要未被满足。这种未被满足的需要使员工的生理和心理资源被耗尽，进而引起员工情绪耗竭、心理退缩和生理退缩行为，并影响员工绩效。实证研究表明默许性沉默在组织公平对情绪耗竭、心理退缩行为的影响机制中起部分中介作用，在组织公平对生理退缩行为、绩效的影响机制中起完全中介作用。无作为沉默在组织公平对情绪耗竭、心理退缩行为、生理退缩行为的影响机制中起部分中介作用。

第二节 员工进谏行为和沉默行为的转化分析

近年来，许多学者们开始从情绪视角来探讨员工进谏和沉默行为形成过程的本质。在组织中员工常常面临进谏还是沉默的两难境地，情绪在这一决策过程发挥着重要的作用。基于道德补偿理论（Compensatory Ethics）和情绪反馈理论（Feedback Theory），员工进谏和沉默行为在情绪的中介作用下，可以相互转化。

一、理论基础

（一）道德补偿理论（Compensatory Ethics）

道德补偿理论认为自我利益和积极的道德形象相互作用，决定了个体在道德两难情境中的选择。个体先前作出道德或不道德的选择（ethical/unethical choice），在随后的道德选择中会补偿性地作出相反的道德选择，我们运用道德自我印象管理来解释这一机制。先前的道德行为能够提升一个人的道德自我印象，而这种安全的自我观念会促使人们放松警惕和道德约束，进而形成道德解除，在以后更可能会做出不道德行为。相应地，当人们之前做出了不道德的行为时，就会失去或者消耗了他们的道德信誉，为了重新建立道德形象，他们在以后倾向于做出更多的道德行为。基于道德补偿理论，当员工发现组织中的隐患或者有革新性意见的时候，若第一次选择了进谏，当进谏没有带来理想的效果，没有受到上级的采纳或重视，又或者是进谏行为给自身或他人带来了不利影响，在自我印象管理的调节下，员工会进行反思，在第二次面临抉择时，可能会选择保持沉默。若员工第一次选择了沉默，因为沉默可能会带来一些不利影响，在自我印象管理的调节下，在面临第二次抉择时，可能会选择进谏行为。

（二）情绪反馈理论（Feedback Theory）

Baumeister 等（2007）提出了情绪反馈理论。首先，我们要区分两种情绪：无意识情绪（automatic affect）和意识情绪（conscious emotion），前者包含快速、简单的喜欢和不喜欢，可以通过对过去情绪经历的明确和回忆，来引导人们直接做出或者避免某种行为，尤其是促使人们朝目标前进。后者不是直接引导行为，而是在先前行为经验的基础上进行反思，进而为先前的行为是否合理提供反馈信息，影响和调整下次的行为。其次，情绪经验对个体的学习、适应、行为评估和控制具有重要意义。最后，该理论还提出人们总是试图缓解消极的情绪状态，获得积极的预期情绪。基于情绪反馈理论，当个体观察到组织中存在问题时，由于种种原因，若选择了保持沉默放纵违规行为，却危害到了组织和其他人员时，人们会感到内疚。这种消极的情绪体验，促使人们开始反思，并评估先前行为（沉默）的恰当性，结合获得的经验作用于可以选择的其他行为（进谏）。为了避免内疚，以后人们在面对组织中的违规行为时，会选择进谏行为。相应地，当个体最初选择了进谏，而对这一行为后果的反思让员工感到了恐惧或不安等消极的情绪体验时，会评估先前进谏行为的安全性和可以选择的其他行为（保持沉默）。员工会在心里进行模拟，如果我下次不选择进谏，就不会再感到那么恐惧了，继而在下次面临抉择时会保持沉默。

二、转化方式

情绪可以引导人们对环境刺激作出反应。根据社会心理学所提到的“行为具有调节情绪效应的范式观点”，对组织情境下的组织公民行为与情绪关系进行研究，结果发现组织公民行为中的助人行为和公民美德既有情绪调节功能同时也存在影响情绪的主效应。情绪对组织公民行为的另一维度——进谏行为是否具有特殊的解释力，以及通过什么方式影响进谏等问题，则需要进一步的理论论证和实证检验。下面主要是从情绪视角出发，探讨在内疚、恐惧和生气三种情绪引导下，员工进谏和沉默行为的相互转化过程。

（一）内疚情绪引导下员工沉默向进谏的转化

内疚指的是人们在做了一些违背道德的事情之后所产生的情绪体验。事件本身不会直接引起人们的内疚，人们反馈、评估自己的行为对环境造成了何种影响时，才会体验到内疚。观察到工作中的不合宜行为时，人们最初可能会选择保持沉默，若因知情不报而给组织和他人带来了消极后果，员工就会感到内疚，这种内疚的消极情绪则会促使他们评估沉默行为，思索沉默是否是最佳的行为方式。作为一种道德情绪，不同于羞愧的关注自我，内疚会引发利他倾向，对他人产生移情，并对其作出关切的、尽责的行为。内疚通过两个阶段影响行为：（1）人们总是试图避开痛苦的环境，对违反道德的提示显示出更多的关注；（2）当机会来临时，人们会行动起来弥补因他们的错误而造成的损失。也就是说，在犯了错或作出草率行动后，最初人们会选择无所作为，但是当他们有机会为其行为作出补偿时，内疚会促使他们有所作为。Spector 和 Fox（2010）指出，基于公正立场，员工在做了反生产工作行为（CWB）后，会感到内疚，进而在随后表现出组织公民行为（OCB）。进谏是组织公民行为的一个子维度，员工沉默是一种负面组织行为（段锦云等，2007），内疚也会促使两者之间（尤其是沉默向进谏）的转化。综上所述，员工对组织中的潜在问题保持沉默而使组织和同事遭受了重大损失后，员工会产生内疚感，这种自我知觉是激发员工为所属组织积极进谏的关键诱因之一。

印象管理（impression management）有时又称印象整饰，印象管理是心理学家库利、戈夫曼等人提出的，是指人们试图管理和控制他人对自己所形成的印象的过程。通常，人们总是倾向于以一种与当前的社会情境或人际背景相吻合的形象来展示自己，以确保他人对自己做出愉快的评价。印象管理是社会互动的一个根本方面。每种社会情境或人际背景都有一种合适的社会行为模式，这种行为模式体现了一种特别适合该情境的同一性，人们在交往中总是力求创造最适合自己的情境同一性。理解他人对自己的知觉与认知，并以此为依据创造出积极的有利于自我的形象，这将有助于我们成功地与人交往。

基于情绪反馈理论，情绪会为行为是否合理提供反馈信息，进而影响和调节后续行为（Baumeister et al.，2007）。许多实证研究表明印象管理在信息反馈过程中发挥着重要作用。在员工对组织隐患保持沉默后，内疚会为行为的合理性提供相应的反馈信息，而印象管理通过诉求者要对别人怎样看待他的诉求行为作出评估，和诉求者要对其反馈的内容对他的公众形象造成怎样的影响作出评估，这两方面来影响反馈者的诉求决定（Morrison & Bies，1991）。综上所述，印象管理会调节员工沉默行为带来的内疚和进谏的关系。具体来说，员工印象管理水平的不同，由沉默向进谏转化的水平会有所差异，印象管理水平高的员工更倾向于进谏，因此会增强员工沉默行为转化为进谏行为的关系；相反，印象管理水平低的员工会缓冲这种关系。

（二）恐惧情绪引导下员工进谏向沉默的转化

恐惧是一种比较强大的负面情绪，它可能会引发人们的逃避行为，狭隘地感知察觉到的威胁，消极地推断风险和未来的结果。研究表明，在某次调查中，260名员工中至少有70%的人报告说由于恐惧，他们不愿意进谏。Deter（2003）也指出，在一个高技术性公司的研究中，50%的被试认为进谏是不安全的。Detert和Edmondson（2007）进一步说明员工恐惧进谏不仅因为管理者对以前建议的敌意应对方式，更多的是对工作环境的模糊感知。因而，鼓励进谏并不是仅仅消除明显的阻碍就可以的，最主要的是要建立正式的上行信息反馈机制，让员工感到组织文化是变革性的，提出自己的合理化建议是安全的，不存在威胁的。知觉到的成本和收益权衡是进谏选择的内在心理机制，当员工感知到进谏的收益比较小而风险比较大时，他们会选择安全的反应方式——保持沉默（Detert & Edmondson，2007）。

Fuller等（2007）从印象管理的角度出发，认为员工放弃提出自己的观点是害怕他人将此行为理解为一种批评，从而影响他人对自己的印象。恐惧进谏会带来消极影响。例如阻碍职业的发展，被贴上“麻烦制造者”的标签，破坏关系网，遭受他人的报复或惩罚，损害他人利益等。这些是促使员工沉默的关键诱因，而恐惧程度的差异可能导致不同的沉默行为，低强度的恐惧（又称期待恐惧或分散恐惧）会引发意识性的防御性沉默，高强度的恐惧会引发人们无意识的反应。综上所述，员工不仅由于恐惧某些结果而不愿意进谏，而当他们认真思考自己的行为时，也会体验到恐惧。若同事在进谏后遭到了领导的报复或同事的挤兑，员工推断当前的进谏也会给自己带来不利影响，而更加感到惶恐不安。情绪作为一种认知后因素，当员工对进谏的负面结果感到恐惧时，这种情绪会加深员工对进谏结果的负面感知（Milliken et al.，2003），继而会选择保持沉默来缓解这种消极体验。印象管理也会正向调节员工恐惧和沉默行为的关系。具体来说，高印象管理者更想给别人留下好的印象，得到别人好的评价与对待，因此在害怕进谏会让自己陷入困境或给他人带来麻烦的时候，相比较印象管理水平低的员工，高印象管理者更倾向于保持沉默。

（三）生气情绪引导下员工进谏向沉默的转化

Finkelstein 和 Brannick（2007）探索了员工“自愿行为”的一系列利己动机，其中包括为自己的职业生涯发展增添筹码。在进谏行为研究中，Premeaux 和 Bedeian（2003）认为高自我监控者把进谏当作一种印象管理的方式。进谏多的员工获得较高的绩效评价（Whiting，Podsakoff & Pierce，2001）。因而，员工在进行进谏时不完全是为了组织的发展，他也期望得到一定的回报，哪怕只是赞扬。当员工做出了组织公民行为而组织并没有为此而褒奖他时，员工会产生生气的情绪，甚至做出反生产性行为。在此过程中，归因起着重要的调节作用，当员工将其归因于领导者的忽视，甚至将角色外行为当作角色内行为时，员工会感到很生气。Haid（2003）发现，生气能够激发员工的行为，会促使个体报复侵犯者或调整不公正待遇。鉴于此，在员工对于组织中的问题经常提出建设性的意见，却没有得到任何回馈时，员工会有一种不公平的知觉，因为自己的额外付出并没有获得相应收益。对行为的归因不同，所激发的情绪就不同，进而影响到员工是否进谏。若组织为了鼓励进谏而设置了沟通热线和建议箱，并承诺会与年终的绩效考核相联系，但实际上却并没有这样做，员工会将其归因于领导者的失职而感到生气，为了调整这种不公平知觉，以后就会倾向于对问题保持沉默。

第三节　员工进谏与沉默行为之间的关系

作为两种代表性的员工自愿性工作行为，进谏与沉默的研究一直各行其道。一直以来，在组织自愿性工作行为研究中存在两大活跃的领域（Fay & Sonnentag，2010）：一是以组织公民行为、周边绩效、进谏行为等角色外行为为代表的积极行为学派；二是以非生产性工作行为、越轨行为、员工沉默等为代表的负面组织行为学派。对于积极行为学派的研究启动较早，而近期对后者的关注逐渐增多（段锦云等，2010）。积极行为和负面行为之间的关系如何？这更成为该领域学者近期关注的热点话题。元分析发现，OCB（Organizational Citizenship Behavior）和 CWB（Counterproductive Work Behavior）之间存在中等程度的负相关（Dalal，2005）。然而，研究又发现，这种负相关可能由测量的人为性所导致，实际上，OCB 和 CWB 之间不存在显著关系（Spector et al.，2010）。同样作为积极组织行为和负面组织行为的代表，员工进谏和沉默之间的关系又是如何？这是本书将要解决的关键问题。本研究的目的在于，借鉴诺莫网络思路（Cronbach & Meehl，1955），探索员工进谏与沉默之间的关系。诺莫网络是探索构思效度的一种思路，当构念较新或构念的属性尚不清晰时，需从外部寻找相应的构念证据，这被称为诺莫网络技术，它可使尚不清晰的构念更加清楚。

本节拟从情绪、认知和领导三个视角，通过基于诺莫网络的借鉴对比研究，从而探索员工进谏与员工沉默行为之间的关系，以期对这两个看似对立而实际关系模糊的员工行为有更清晰的认识。情绪和认知是驱动人的行为的两大基本要素。目前，从情绪或认知的视角来探索进谏或沉默的形成机制的研究比较缺乏（Chiaburu et al.，2008），本研究拟将弥补此缺陷。此外，在高权力距离、集体主义和儒家传统（如纲常观、人伦观等）影响的文化背景下，中国的领导者对下属行为的影响较之西方要大得多，因此进谏与沉默是两个独立的构念。在情绪特征上，正性情绪会促进员工进谏，而负性情绪既会促进员工进谏，更会导致员工沉默；在认知特征上，自我效能感会促使员工进谏，心理安全会促进进谏且抑制沉默；在领导特征上，领导成员关系与进谏正相关。在作用效能上，进谏比沉默更会得到领导的赏识。

一、员工进谏和沉默行为的直接关系

（一）员工进谏行为

1970 年 Albert O. Hirschman 在其专著中提出了进谏行为，这是关于进谏行为最早的研究。在国外的研究中，进谏行为（voice behavior）是组织成员以改进工作或组织现状为目的，向组织主动提出的建设性意见的一种角色外的人际交流行为。而国内的“进谏”与国外学者所研究的“voice behavior”的意义并非完全相同。国内学者的研究，多将其限定于下级员工对上级员工提出建设性意见或指出缺点这个范围内，即将进谏行为界定为：组织员工以改进工作流程、解决组织中遇到的难题、改善组织现状、减少决策失误等为目的，而向组织中的领导主动提出建设性建议或指出缺点错误的一种角色外的人际交流行为。

Van Dyne 和 LePine（1998）提出，进谏行为是指以改善环境为目的、以变化为导向，富有建设性的言语行为。总体来看，以往对进谏行为的研究可分为三个方面：进谏行为的结构。理论界对进谏行为的构念结构研究不一致，不同学者从各自角度做了不同维度的划分，这种划分可能基于动机、进谏对象或进谏方式等，进谏行为的形成机制包括三个层面：一是个体影响，包括个性、个人控制等；二是领导行为的影响，包括领导的管理开放性、变革型领导等，领导行为主要通过员工的心理安全或认同感来影响进谏行为；三是组织情境因素和组织创新氛围等。员工进谏有利于提高组织对自己的绩效评价，尤其是创新绩效的评价。

（二）员工沉默行为

Pinder 和 Harlos（2001）把员工沉默定义为“个人对组织环境在行为、认知或情感上的评价，保留这种真实感受而不报告给自己认为能做出改变或矫正的人”。沉默比进谏更内隐，因此，相比进谏行为，对沉默的动机识别更难。在组织中，当大家都习惯沉默时，这种行为就会上升为一种集体性现象，Morrison 和 Milliken（2000）称为组织沉默，并认为它是多元组织变革和发展的阻力。个人特征，如内向、高自我监控等更会导致沉默行为；领导因素，如领导的开放性与偏见、领导者与下属的权力距离等，也会促使下属对问题保持沉默；组织因素，如组织认同、组织承诺等，都会影响员工沉默。在认知因素上，害怕不良反馈是个体对真相保持沉默的最典型原因。此外，规避形象风险、预期的支持不足以及害怕损失社会资本等都是人们保持沉默的认知原因。而当人们觉得自己的观点成为主流或占上风时，他（她）会更多表露出来，相反就会保持沉默（Duan et al.，2010）。

（三）直接关系

表面上看，员工沉默和进谏是两个对立的构念，因为沉默意味着没有发言，而进谏则表示对组织中的重要问题提出建议。然而，由于沉默和进谏传递内容的差异性及其背后动机的复杂性，进谏与沉默的关系并不如其字面意义那么简单。进谏可以是针对下属的，也可以是针对领导的（Liu et al.，2012）；可以是促进导向的，也可以是预防导向的。同样，员工沉默可以是低激起性的和高激起性的，可以是由于淡漠而不卷入，由于害怕而自我保护，或基于合作的他人导向的沉默。进谏和沉默的多维特征使得两者之间的关系显得更加模糊。Van Dyne 等（2003）提出，进谏和沉默并不是完全相反的构念。不仅如此，它们在一定条件下还可以相互转化（Ellis & Van Dyne，2009），如当因保持沉默而被同事或领导忽视，或当进谏的效果不甚理想时，员工都会转向另一行为表现。目前，关于OCB（组织公民行为）与 CWB（反生产工作行为）之间关系的研究已相对成熟，其结果也为沉默与进谏这对较新构念之间的关系提供了借鉴。尽管 OCB 和 CWB 看上去存在着负相关关系，但实际上它们的关系并不明确，甚至两者可能同时发生，即成正相关。与此类似，进谏与沉默看似对立，实际它们之间的关系模糊，甚至可以相互转化或同时出现。

二、进谏与沉默的间接关系

（一）情绪因素

通常而言，正性情绪由于具有“展扩-建设”的功能（Fredrickson，2001），因而会促进亲社会行为（如进谏）。研究也证实，公平知觉和情感承诺等积极情绪感知会促进员工进谏行为的发生。而正性情绪与员工沉默的关系研究目前并没有进行深入探索，因为沉默的动机较为复杂而难辨别，因此正性情绪与沉默的关系也难以定断。正性情绪可能减少沉默，也可能因由内心的满足和踏实而“无言以谏”从而增加沉默。因此，正性情绪与员工沉默的关系似乎较难确定，一个可能的情形是两者没有直接关系，因为存在正负的各种可能性，进而中和了两者之间的直接关系。Duan 等（2012）研究发现，情感承诺低时，员工更会保持沉默。沉默也可能是因为对组织的恐惧，因此，负性情绪可能会导致员工进谏，此时员工会因不满并企图改变而做出进谏行为；负性情绪也可能会导致员工沉默，此时员工可能因恐惧而自我保护，或对组织没有感情而不愿参与。Spector 和 Fox（2002）在比较 OCB 和 CWB 之间的关系时提出，正性情绪会导致 OCB，而负性情绪会导致 CWB。后来，他们又改变了这种看法，认为负性情绪会导致 CWB 也会导致 OCB。情绪与 OCB 和 CWB 的关系为进谏与沉默的关系提供了参考。因此，正性情绪会促进员工进谏，而负性情绪既会导致进谏，也会引起员工的沉默。

（二）认知因素

认知过程指信息加工或“成本-收益”分析（cost-benefit

analysis）过程。影响员工进谏和沉默的认知因素很多，本研究分别选取自我效能感和心理安全感来探索它们对进谏与沉默的对比影响，以此分析进谏与沉默之间的间接关系。Chiaburu 等（2008）基于双过程加工视角，从认知角度提出了员工进谏行为发生机制的探索模型。该模型区分了促进进谏行为的认知因素，如心理安全感、进谏事件与个人的相关度（personal relevance）；阻碍进谏行为的认知因素，如时间压力等。Kish-Gephart 等（2009）从认知视角分析了员工保持沉默的原因，这种原因更多是因为员工进谏不会得到好的回馈，因此大多时候他们更愿意保持沉默。而提高效能感是减少沉默、促进员工进谏的有效方式。社会认知理论（Social Cognitive Theory）指出，自我效能感指的是个体对自己是否有能力完成某一行为所进行的推测与判断。即便人的行为没有对自己产生强化，但由于人对行为结果所能带来的功效产生期望，也可能会主动地进行该活动。这一命题为自我效能与进谏的关系奠定了基础。Kish-Gephart 等（2009）提出进谏效能感（voice efficacy）的构念，并认为管理者需以培养员工的进谏效能感为目标，来促使员工增加进谏行为而减少沉默行为。Detert 和 Burris（2007）发现，高绩效的员工比低绩效的员工更会进谏，一个可能的解释是由于高绩效提升了员工的效能感。效能感是人们工作生活体验的综合反映，并被认为是心理资本的重要组成部分。当效能感高时，人会认为有能力去做事，并预期会取得较好结果；相反，当效能感低时，人们则容易淡漠，沉默则是其中典型表现。自我效能感与进谏行为正相关，与员工沉默成负相关。心理安全感指的是员工认为在表现和展示真实自我时，其自我形象、地位和职业生涯不会遭受负面的后果与打击的认知。员工认为表现自我是安全的时候，他们会更勇于探索、学习并参与变革。作为挑战现状的进谏行为，它具有风险性，因此只有在感知到“说出这样的话不会带来危险或损失”时，员工才会进谏。当预知进谏成功的概率高，且成功后会带来正面效价（valence）时，员工才会做出这样的行为，否则就会选择保持沉默。因此，高期望收益（低损失）会强化认知思考和进谏行为之间的正向关系，尤其是对风险性更高的抑制性进谏（prohibitive voice)。心理安全已成为促进进谏行为的关键性情绪驱动认知(affect-laden cognition)。相反，Kish-Gephart 等(2009)提出，当员工缺乏心理安全，或心存恐惧时，就会导致其做出沉默的举动。因而心理安全与进谏行为正相关，而与员工沉默负相关。

(三) 领导因素

在中国背景下，领导对员工行为有较大影响。以往研究探索了变革型领导、道德型领导(ethical leadership)、领导开放性(managerial openness)等对进谏的积极影响以及不当督导对进谏的负面影响。研究也证实，员工对领导的信任会减少员工沉默。在中国"关系导向"的文化背景下，与领导者的关系(如 Leader-member Exchange，LMX)对员工进谏或沉默的影响成为另一个有待探索的问题。以往研究提出，对领导者的个人认同(personal identification)会促进员工进谏，领导者虚怀若谷、道德高尚也会促进下属进谏。不难理解，具备上述特征的领导者更容易形成与下属的良性互动，尤其是当对领导者的个人认同度高时。因此，我们认为，LMX 会促进员工进谏。而当领导者与下属的关系疏远时(低 LMX)，下属更会对其产生敬畏感(低安全感)，进而对问题保持沉默，特别是在权力距离大的文化背景下。因此，LMX 与进谏行为正相关，与员工沉默负相关。

第四节 结论与讨论

本书通过对比发现员工沉默行为与进谏行为之间的关系比较复杂，作为两个看似对立的自愿性行为，进谏似乎更受领导喜欢，而沉默行为则不那么受欢迎。

在组织行为及整个工业心理学研究历史上，有很多看上去对立的变量实际上并没有直接关系。比如 Herzberg 提出"工作满意"的对立面并不是"工作不满意"(job dissatisfaction)，并认为能防止工作不满的因素(保健因素)的满足并不能够维持工作的满意感；同样，能带来工作满意的因素(激励因素)如果得不到满足也不会导致工作不满意。这充分说明了“工作满意”和“工作不满意”并非简单相反的两个构念。新近的研究发现了更多类似的结果，如 OCB 和 CWB 之间不存在显著关系，员工对组织的认同与反认同之间也不存在明显关系。在本研究中，另一对变量之间的关系也表现出类似的特征，即正性情绪和负性情绪，在一段时间内它们呈现出正相关的关系，这有待未来研究进一步证实。

员工进谏与沉默也不存在直接的显著关系，它们之间不是简单对立的。这一结果证实了 Van Dyne 等（2003），Ellis 和 Van Dyne（2009）提出的关于沉默与进谏之间“复杂及模糊关系”的假设。进谏与沉默不同的前因和结果进一步证实了它们之间的差异。情绪影响员工自愿性工作行为是该领域研究的新方向，正性情绪会促进员工进谏，而负性情绪既会导致进谏，更会引发员工的沉默。正性情绪具有“展扩-建设”功能，它有助于扩大意识、调动认知资源并维系积极状态和心理健康。这种功效会导致人们的思维更发散并对问题产生更多想法，同时也有助于人们以更积极的状态应对工作，这两者都会促进员工进谏的发生。正性情绪与沉默之间不存在明显关系，这一点也说明了正性情绪和负性情绪并非简单对立相反的观点。负性情绪既会促进进谏，也会令员工产生沉默行为。之所以会促进进谏，是因为此时可能对组织心存不满，或发现组织存在问题。而产生沉默则是因为，在负性情绪下人们可能因由低落情绪或低功效感而选择“明哲保身”，这一结果说明了负性情绪在功能上具有双面性。员工自愿性工作行为的认知发生机制也是有待开发的新领域。

员工的自我效能感与其进谏行为成正相关，而与沉默的关系不显著。这一结论证实了 Kish-Gephart 等（2009）提出的假设。当自我效能感高时，人们会认为自己更有能力做出某一行为，因此也更可能去从事带有风险性的进谏行为。而自我效能感与沉默的关系并不显著，这表明员工的自我效能感较低时也并不必然导致员工沉默行为，其原因可能是沉默的认知机制不在于低自我效能，而更可能由于预期回报和社会支持不足以及低安全认知等。在中国背景下领导是员工行为的重要影响因素，与领导的关系状况对员工行为更是有着显著的影响。LMX 与进谏行为正相关，而与员工沉默的关系不显著。其原因可能在于，与上级顺畅频繁的交往使得员工更有机会向其进谏，上级也因此会知觉到下属更多的进谏表现，进而鼓励员工的进谏行为。此外，我们认为，与上级良好的关系也有助于降低员工的权力距离感知，进而减少心理恐惧及增加心理安全感，这又会促使员工做出更多进谏行为。而 LMX 对沉默的影响甚微，证明领导-成员交换关系与沉默行为之间是一个更远端的关系，员工沉默更多源于恐惧，而 LMX 对员工心理恐惧感的降低可能并不存在直接的影响，因而对于员工沉默的影响也会很小。目前研究大多聚焦于自愿性工作行为的前因变量，而对其结果变量的研究则较为缺乏，通过检验进谏与沉默对领导的影响。结果发现，领导者更喜欢员工进谏而不是沉默。其可能原因是多方面的，首先，从效用上来讲，员工进谏更有助于组织的发展，而沉默则对组织会产生诸多负面影响。作为组织利益的代理人，为了组织的发展，领导者更愿意看到员工进谏，而不是凡事视而不见、沉默不语。其次，与领导保持畅通的进谏渠道，相比一向与领导相距甚远，凡事参与较少的员工来说，进谏的员工更会与领导者分享工作上的问题，并维持良好的互动，这也会加深领导者对员工的正面印象。因此，进谏更会引起领导的喜欢。在中庸、和谐、家长制、高权力距离和集体主义等中国文化背景下，进谏行为一直是非常缺乏而难能可贵的员工行为。从情绪、认知和领导三个角度，探讨进谏与沉默之间的诸莫关系，并研究两者的影响因素，对组织管理过程中促进员工进谏而抑制沉默提供了理论和现实上的参考。

虽然进谏与沉默并不成直接负向关系，但它们依然在一些特征上呈现出相反性。实践结果提示我们，要想促进员工进谏，可从以下方面着手：提高雇员的工作生活质量，让其保持舒畅的心情，并选择高效能感的员工或着力培养其效能感；领导者需与员工保持良好的互动，如可采用“走动管理”；给予员工进谏的机会并保证进谏的安全性，如可设立匿名建议箱、领导者公开邮箱，构建宽容的氛围，降低员工对进谏的担忧。为了抑制过多的沉默行为，构建安全、宽容的组织文化，减少员工的恐惧、紧张等负性情绪，成为首要的考虑。对员工而言，认识到领导更喜欢进谏而不是沉默对自身的生涯发展也有着重要的意义，据此，为保持与领导者的良好关系，员工应树立进谏的意识，培养进谏的习惯，并锻炼自身进谏的能力。

进谏行为是任何组织中都会出现的经常性的行为，它的出现顺应了团队建设、知识管理和学习型组织等管理新理念的要求，同时也是研究精细化发展的结果。进谏行为有助于组织的维护和发展，这主要表现在对公正感和组织效能的影响上。中国也有句老话“兼听则明，偏信则暗”也可以说明进谏行为的重要性。从影响进谏行为的因素来看，管理者可以通过改变团队规模和管理模式，如现代化宽松的管理模式、扁平的结构和小团队规模，进而促进进谏行为的发生；也可以从管理者自身的角度，如以宽广的胸怀广纳意见来促进进谏行为的发生。另外，加强有效管理，通过提高员工满意感和合理处置双方的心理契约来促进进谏行为的发生。从员工个体对进谏行为的影响的角度来看，可以招聘合适的员工，如责任感强、创新型认知风格、受教育程度高，这样的员工对组织的创新和保持竞争力是有益的。当然，这些也对管理者提出了有效处理进谏行为的能力要求。

现有文献中对于员工进谏和沉默行为的研究很多，但对于两者之间关系的研究并不多，实证研究更是少之又少。学者们关于两者关系的认知经历了从认为两者是同一连续体对立的两极，到认为两者是负相关的独立二维结构，再到当前认为两者存在适度正相关关系的转变。进谏行为和员工沉默并不是相对立的两极，而且在一定的情绪引导下，员工的进谏和沉默可以相互转化。比如，员工进谏后的恐惧、生气会促使沉默行为的产生，保持沉默使组织或同事承担了恶性后果后，个体在对自己的不良行为感到内疚时，又可能实施进谏来进行补救。上述结论给了我们一些提示，在实践管理上，鼓励了进谏的产生并不意味着沉默就会消失。如果对进谏行为处理不当，那些勇于挑战权威，提出促进性建议的员工，在以后工作中就会保持沉默。在员工指出了目前组织中存在的问题或者为组织未来的良好运作提出了自己的革新性意见时，管理者应及时地反馈，让他们感知到组织的进谏氛围是安全的，不会因为这一次的进谏恐惧，而在下次选择时保持沉默。另外，人力资源管理者可以优先招聘高情绪智力（emotional intelligence）的员工，因为他们更易读懂别人的情绪状态，而慎重选择进谏的时机和方式。与此同时，领导者可以开设有关进谏的讲座，请专业人士讲授如何清晰、有效地进谏，并教员工学会调试自己的情绪，减少情绪发泄带来的消极影响。员工进谏和沉默存在很多相同但影响方向相反的前因变量，现有研究多独立探讨这些变量对各自的影响，而鲜有实证研究将员工进谏和沉默行为同时纳入模型，来探讨某一因素对两者的作用机制，尤其是个体因素和情境因素的交互影响。此外，在西方背景下探讨的两者之间的关系在权力距离较大的中国不一定适合。未来的研究可以采用情境问卷法，探讨在中国当前的社会转型背景下员工进谏和沉默行为的转化及情绪在这一过程中的作用。

第四章　家长式领导对员工进谏行为影响的实证研究

第一节　问题的提出

一、研究背景

在我国，进谏行为自古就有，商代的比干、战国的伍子胥、三国的诸葛亮、唐朝的魏征都是家喻户晓的敢言直谏者。最典型的是魏征进谏唐太宗，魏征向唐太宗提供的关于政治、经济、文化、外交等各个方面的建议，为唐太宗创造贞观盛世提供了重要指导。可见，进谏行为对于安邦治国有着重要的意义。在全球化和管理精细化的时代背景下，组织为了能够更好地发展和更具竞争力，势必需从多方获得好的或新的信息或建议，这当中除了来自领导层的智慧之外，员工进谏也是重要的且未充分挖掘的方式。理论界也都认可员工进谏是组织改变现状、获得创新和发展的重要途径和动力。Senge（1990）曾指出，在动态环境中，员工积极进谏将有助于改善组织的学习、提升组织的运作效率及竞争力。而当今时代，进谏对于国家和企业的发展都相当重要，企业在追求精细化管理和创新转型的过程中，必须依赖员工创造性的、建设性的建议来持续改进产品、流程和服务，保持相当的灵活性和创新性。同时在国家治理上，进谏是弘扬自主创新及促进国家的政治民主化发展进程的重要方式。

组织希望员工更多地进谏，然而现实的情况却是员工大多不愿意或者不能坦诚自己的想法（Van Dyne，Cummings & McLean

Parks，1995）。能源巨擘安然的倒塌就是员工惜谏的后果。而在强调中庸和人际和谐的中国，惜谏尤其普遍，明明认识到组织中存在某方面的潜在问题，而且知道该问题如果得到改进将有利于组织的发展，但是员工却选择了沉默（谢章澍、杨志蓉，2006；何轩，2009）。员工的惜谏使得组织失去了持续改进的原动力，逐渐丧失竞争优势，这是当前我国企业人力资源管理所面对的难题之一（林泽炎，2004）。基于以上现实情况，有必要开展关于中国组织中员工进谏行为的研究。

在已有学术研究中，Detert 和 Burris（2007）表明上级的领导行为应该是员工进谏的更为有效的预测变量，如变革型领导（Detert & Burris，2007；Liu，Zhu & Yang，2010）、伦理型领导（Walumbwa & Schaubroeck，2009）、领导的开放性（Detert & Burris，2007）、领导-成员交换（Burris，Detert & Chiaburu，2008；Van Dyne，2008；Botero & Van Dyne，2009）。以上这些研究基本上以西方领导理论为主，事实上，领导行为具有很强的文化异质性，文化背景不同，领导的内涵和效能也会产生差异。那么具有中国文化特色的领导模式——家长式领导是否以及如何影响员工进谏行为呢？其中存在着怎样的作用机制呢？这将是本书要重点探讨的问题。更进一步，在实证分析结果基础上，我们将探讨企业和企业管理者如何采取措施激发员工进谏。

二、理论基础与研究假设

（一）理论基础

1. 家长式领导

（1）家长式领导的提出背景。对家长式领导方式的研究最早可以追溯到 20 世纪 60 年代末 Silin 在中国台湾进行的研究。通过对中国台湾一大型家族企业为期一年的调研，Silin 发现该企业的老板所运用的这种领导方式在西方经典领导理论中未曾出现过，即自己充当着“大家长”的角色，运用了类似于家长管理家庭成员的方式来管理自己的员工（Silin，R. H.，1976）。20 世纪 70 至 80

年代，另一位西方学者 Redding 进行了长达 20 年的研究，主要研究中国香港、中国台湾及东南亚的华人家族企业。他采用深度访谈研究了 72 位华人企业主管，将华人的经济文化中不同于西方的特质称为中国式资本主义（Chinese capitalism），其中父权家族主义（paternalism）是其中一个重要特征（Redding，S. G.，1990）。与 Silin 一样，Redding 也强调权威领导与德行领导，但他更是提出了“仁慈领导”新概念，他认为仁慈指的是“像父亲一样地照顾或体谅下属”，并且以施恩的方式进行。

在这些人的基础上，郑伯埙等人结合自身研究对家长式领导进行了更广泛和精辟的阐述，并提出了一个包含施恩与立威的理论框架。凌文辁（1987）等人借鉴了日本学者三隅二不二的 PM 量表，提出了中国领导者还应具备的品德这一重要维度，以此来完善家长式领导。最终，郑伯埙、周丽芳和樊景立将德行领导加入威权与仁慈的二元模型，形成了一个完整的家长式三维领导模型。

（2）家长式领导的概念与维度结构。研究者从不同的视角出发，定义了家长式领导，其中被广为接受的概念为郑伯埙等（2001）对家长式领导的界定，即“在一种人治的环境下，显现出严明的纪律与权威、父亲般的仁慈及道德的廉洁性的领导方式”。从概念可知，家长式领导包括以下三个维度：仁慈领导（benevolent leadership）、德行领导（moral leadership）、威权领导（authoritarian leadership）。

已有研究表明，家长式领导广泛存在于华人社会组织中，领导者一般通过施恩、立威、树德三方面来影响下属，实现企业绩效目标。这三维度的内涵根源于东方社会儒、道、法及“家”的传统文化。

仁慈领导是基于儒家文化“仁”思想，指领导者全面而长久地关怀下属，包括个别照顾、体谅宽容下属，帮助下属处理家庭及私人的问题、提供急难救助等施恩行为，在下属出现失误和困难时，能给予教诲和帮助，以帮助其成长和更好地发展，而下属的反应则为“感恩图报”。

德行领导基于“德治”的文化，指领导者通过展现较高的个人操守、修养及敬业精神（正直、不徇私、竭尽全力等行为），以身作则，率先垂范，为下属树立良好榜样，下属对此表现为“认同效法”。

威权领导根源于“父权制”、“法家”文化，是指领导者强调其权威的绝对性，要求部属无条件地服从，进行严密的控制，很少授权，对信息进行保密等，涵盖“专权作风”、“贬损下属能力”、“形象整饰”与“教诲”、“隐藏意图”等立威行为。相应地，部属会表现出顺从、服从、敬畏及羞愧等行为反应。

（3）家长式领导的效能研究。家长式领导研究的关键在于领导效能的探讨，主要集中在领导行为对下属个体的行为、心理、工作态度以及工作绩效等方面的作用，还有少量研究涉及对团队和组织学习、决策以及绩效的影响。此外，就是对家长式领导与西方领导方式如变革型领导、交易型领导的效能进行的比较。

个体层次。员工工作态度和行为是领导有效性的重要反映，包括认知（心理授权、公平感等）、态度（工作满意、组织承诺等）和行为（组织公民行为、组织沟通）三个方面，通常以组织公正感、工作满意度、组织承诺、上下级关系质量、离职意向、工作绩效、组织公民行为等指标来衡量。大量研究证明了家长式领导与下属工作态度、组织行为密切相关，但不同维度的影响结果不同。吴敏等（2007）研究发现仁慈领导和德行领导与程序公平和信任正相关，并通过程序公平和信任对领导有效性各指标产生有利影响，威权领导则反之。周浩等（2007）发现家长式领导能够直接影响程序公正、领导公正、领导解释，并且他们在家长式领导与分配公正中起中介作用。张清霞（2007）研究发现仁慈领导、德行领导对员工满意感、组织承诺正向影响，对离职倾向负向影响，集体效能在威权领导与员工组织承诺之间具有中介作用。鞠芳辉、万松钱（2008）研究发现家长式领导仁慈和德行维度主要通过员工工作满意度对企业绩效产生影响。魏蕾等（2010）研究发现仁慈领导与威权领导对员工工作投入有显著预测作用，且心理授权在仁慈领导与工作投入之间起着部分中介的作用。周明建等（2010）研究发现威权型领导消极影响下属的工作表现，而领导-成员交换质量对它们之间有改善的作用。李财德（2011）研究发现家长式领导、组织公民行为和心理授权三者之间显著相关，心理授权在其中存在中介作用。通过对大量的相关文献进行总结发现，家长式领导的结果变量包括工作满意度、组织公民行为、组织承诺、分配公正、离职倾向、上下属沟通、工作投入任务绩效等，除此之外，还有重要的中介变量和调节变量，包括程序公平、信任、领导公正、领导解释集体效能、情感信任、认知信任、领导成员交换质量、心理授权等。由以上研究可以发现家长式领导三维度的效能存在差异，威权领导一般与组织变量负相关。但另有学者研究威权领导对组织变量的影响，得出不同的结论，如杨良晨（2009）将威权家长式领导划分为决策操控、信息操控、任务操控和绩效要求四个维度，调查发现威权家长式领导与组织公民行为、员工离职意愿之间存在显著的正相关关系。威权领导对组织变量作用结论的差异可能有几方面原因：一是不同研究所采用的组织样本以及有效性指标的选取；二是行业特征的差异。

综合已有研究可知，仁慈领导、德行领导更容易为员工所接受与认同，进而对员工工作态度、工作行为产生积极影响。然而，对于威权领导的作用，在不同组织性质和情境下，学者们则得出了不一致的结果。

团队层次。关于家长式领导在团队层次的效能研究较为少见。对团队层面的结果变量的影响主要有以下几方面：团队成员合作与上行沟通质量（黄坚生，2002）、团队内互动、成员工作态度（Cheng，Huang & Chou，2002）、团队绩效（张新安等，2009）、团队公民行为（万舒超，2010）冲突与团队战略决策效果（陈璐、杨百嫣，2010）、高管团队有效性（陈璐等，2012）。大部分研究中同样发现，家长式领导的仁慈与德行维度对团队层次的变量具有正向作用，威权领导产生消极作用或者不产生。

组织层次。虽然有关家长式领导的效能研究主要集中考察下属作为个体的态度反应，但也有一些研究者对家长式领导对组织绩效的影响进行了探讨，结果发现其效能与个体层次类似。仁慈领导、德行领导与组织绩效正相关，威权领导则与组织绩效负相关。组织层次的其他研究还包括家长式领导对组织学习和知识创造的影响，研究基本证实了家长式领导三个维度的不同效能。于海波等（2008）以内地10家企业的276名国企、民企和外企员工为样本，发现仁慈领导对组织学习有显著的推动作用，而威权领导则对组织间学习、团体学习、开发式学习和利用式学习具有显著的阻碍作用。

2. 进谏行为

（1）进谏行为的概念。“进谏行为”又称建言行为，由英文“voice behavior”或者“speak up”翻译而来。国内外对进谏行为的研究始于20世纪80年代，Hirschman最早提出进谏概念，并将进谏行为看作员工对工作不满意的一种积极的行为反应，是顾客或组织成员面对组织衰退时可能采取的反应方式之一。随后，McCabe和Lewin将员工进谏行为视为一种对不满的申述程序或决策的参与机制，它包括直接沟通、对上解决问题、代理型参与。然而Van Dyne和LePine（1998）认为员工的进谏行为具有主动性和建设性，并将进谏行为作为重要的角色外行为之一，即“员工为了改进组织、工作现状，而向组织积极主动地提出建设性、挑战性意见的角色外行为”。对于进谏行为的定义，学者们各抒己见，现有的被大家认可的进谏行为的定义有：

Albert O. Hirschman（1970）年提出的任何试图改变而非逃避组织内令人不快的情境的行为。Van Dyne和LePine（1998）提出的进谏行为的定义为在可能遭遇他人反对的情况下为变革提出建设性意见或者为标准流程提出修改建议的一种助长性的、挑战性的行为，强调改进而非只是批评。LePine和Van Dyne（2001）也提出了他认为进谏行为是一种助长性的、挑战性的主动行为，包含为了改善现状而进行的建设性的、变革导向的沟通。DeDreu和Vianen（2001）提出进谏行为是组织成员为了更好完成任务而发表观点和意见并寻求新的方法和策略的程度。Premeaux和Bedeian（2003）提出进谏行为是对于工作场所的问题坦诚说出自己意见和看法，包括对他人行动或观点的看法、提出必需的变革或者解决工作相关问题的方法和思路。段锦云、钟建安（2005）认为进谏行为是以改善环境为目的，以变化为导向，富有建设性的人际交流。Deter 和 Burris（2007）认为进谏行为是为提高组织效率而向管理者提供信息的行为。凌斌、朱月龙（2010）提出进谏行为是员工为改善企业的经营现状和发展而向上级领导或同事所提出建议、想法和观点。Liu，Zhu 和 Yang（2010）提出了进谏行为是积极挑战现状，进行建设性改变的行为。

根据以上列举的进谏行为的定义，不同学者从不同的角度对其有不同的理解，但普遍观点认为，进谏行为是一种以改善环境为目的、以变化为导向，富有建设性的人际间交流性的主动性角色外行为，这些行为包括与部门领导、员工进行意见交流，为改善组织或解决问题提供建设性意见等。

值得强调的是，与其他角色外（extra-role）行为（帮助行为、合作行为）不同，“进谏”通常是对由领导者参与制定或主持实施的现有计划的质疑，所以这一行为在促进组织有效运营的同时，往往也对领导权威提出了挑战（LePine & Van Dyne，1998），具有一定的风险性。

（2）进谏行为的测量。Van Dyne 和 LePine（1998）的进谏行为量表被多次实证研究引用，其信度和效度都很稳定。因此，本章节将使用他们编制的自陈量表。

3. 组织心理所有权

（1）组织心理所有权概念。组织心理所有权（organizational psychological ownership）是心理所有权思想在管理学领域的拓展与应用，组织心理所有权是个体把整个组织作为目标物的心理所有权体验，个体体验到组织是其赖以生存的，是属于他的或他们的。研究发现组织心理所有权较之于工作满意度、工作卷入变量，更能有效预测组织中员工工作态度和行为。

研究认为组织之所以能够使员工产生心理所有权是因为满足了员工的三种需要：自我效能感（人有要证实自己拥有某些能力和实现人生价值的动机和需要，员工通过在组织中对占有物实施控制，从而使个人感觉到自己的价值）、自我认同（清晰地界定“自我”的动机，当组织或组织中的某个事物成为占有物时，这个占有物就是自我的一种符号表示，因为他们与自我身份和个性紧密相连)、“家”(人都有想拥有一个确定的空间的动机，对组织的所有权的心理体验恰能满足心理上的空间需要，从中感到安心、舒适，满足了人的归属感)。

Pierce (2001) 等学者认为，有 3 个途径可以导致这三种动机满足，从而产生心理所有权，即：

对目标物进行控制。所有权的基础就是对目标物的使用和控制，个体对某个事物的控制，最终会产生拥有的感觉。

亲密了解。个体会因为与目标物的亲密联系及对其了解后，自我与目标物产生融合，成为自我的延伸。

个人投入。个人在目标物上的投入，包括精力、时间、努力和注意力等，使自我更紧密地与目标融合，自我变成了该物体的一部分，从而就产生了所有的感觉。

(2) 组织心理所有权的维度与测量。心理所有权概念提出之后，很多学者将心理所有权以单维度进行实证，并且量表也是以自陈的方式进行测量。另有学者如 Jame，S. B. 等人 (2009) 基于心理所有权产生的根源和途径，认为心理所有权应该是多维度的，在实证的基础上提出心理所有权包括自我效能、责任承担、归属感、自我识别四个维度。

目前，关于组织心理所有权的测量方法尚处于探索与开发阶段，还没有比较成熟的量表。其中 Pierce，Van Dyne 和 Cummings (1992) 最初编制的心理所有权测量问卷，在国外实证研究中被广泛采纳，且在各实证研究中，信效度均比较满意，此问卷包含 7 个项目；我国学者在此量表的基础上，进行了修订，形成符合中国情境的量表。郑伯埙、樊景立等在研究家长式领导时，设计了符合中国情境的组织心理所有权量表；鲍盛祥 (2005) 也自编心理所有权问卷，该问卷共两个项目，采用五点计分，但研究中未进行信效度检验。本章采用的是郑伯埙、樊景立等设计的组织心理所有权量表。

（二）假设提出

1. 家长式领导各维度与进谏行为

家长式领导（paternalistic leadership）包含三个维度，即仁慈领导、德行领导、威权领导。仁慈领导基于儒家文化“仁”的思想，指领导者全面而长久地关怀下属，包括个别照顾、体谅宽容下属，帮助下属处理家庭及私人的问题，提供紧急救助，在下属出现失误和困难时，能给予教诲和帮助，以帮助其成长和更好地发展。基于社会交换理论，对于上级的关怀照顾，下属会以各种形式予以“感恩图报”，其中包括给上级提出建设性意见。因此，当领导者表现出高仁慈的领导模式时，下属会有更多的进谏行为。

德行领导基于“德治”的文化，指领导者通过展现较高的个人操守、修养及敬业精神（正直、不徇私、竭尽全力等行为），以身作则，率先垂范，为下属树立良好榜样。进谏是具有风险性的组织行为，员工只有在心理上感知进谏安全时才会大胆地讲出自己的想法，领导者的品德人格恰恰能给予下属这种心理安全感。因此当领导者表现出高德行时，下属就不会担心因进谏而招致报复，因而有更多的进谏行为。

威权领导是儒家家族主义的泛化，中国传统的“家”文化强调家长的绝对权威，对应到组织中表现为中国的领导者扮演着“严父”的角色，对下属的严密控制，同时非常注重自己的面子和维护权威形象，容不得与自己相左的意见。在工作中，威权领导者很容易将员工进谏行为解读为对领导者权威的挑战，因此员工进谏不但得不到领导认可，反而受到领导的排斥。此外，威权风格的领导通过掌控信息和权利，树立自己的权威，认为咨询下属会损害自己的权威与形象。由此可知，威权领导的这些行为特征都向下属提供了信号，即向领导进谏是不安全的。

据此，本书提出以下假设：

假设 1a：仁慈领导会显著正向影响员工进谏行为。

假设 1b：德行领导会显著正向影响员工进谏行为。

假设 1c：威权领导会显著负向影响员工进谏行为。

2. 家长式领导各维度与组织心理所有权

组织心理所有权（organizational psychological ownership）是组织行为研究中的一个较新领域，指的是个体体验到组织是其赖以生存的，是属于他的所有物的一种心理体验。家长式领导是萌生于中国传统文化土壤的领导理论，中国传统儒家文化强调“家”文化。而组织心理所有权产生的根源来自员工在一个组织或团队中获得“家”的归属、自我认同和自我效能。家长式领导中仁慈领导者对下属的全面关怀、家长般的关心和指导，很容易促使下属对组织和领导产生归属感，同时也有助于提升下属的自我效能感；德行领导者通过展现高尚品德和操守来赢得下属的尊重和爱戴，使下属对其产生信任，认同和内化领导的价值观以及所追求的集体目标，使下属愿意为集体利益而付出更多的个人努力；威权领导者则非常重视自己的权威形象，对下属严格苛刻，使员工感受不到对组织的归属感。

此外，研究发现，家长式领导与西方领导研究的热点——变革型领导很类似，仁慈领导中的“个别照顾”和德行领导中的“正直、尽责任”等方面分别与变革型领导中的“个性化关怀”和“感召力”类似，而 Avey 等通过实证表明变革型领导与组织心理所有权正相关。

据此，本书提出以下假设：

假设 2a：仁慈领导会显著正向影响组织心理所有权。

假设 2b：德行领导会显著正向影响组织心理所有权。

假设 2c：威权领导会显著负向影响组织心理所有权。

3. 组织心理所有权的中介作用

家长式领导的仁慈领导通过对下属的家长般的关怀，使员工感到温暖和舒适，如“家”般相似。家长式的德行垂范通过以身作则、牺牲自我利益、言行一致等赢得下属的信任，使下属感到可信任和安全。领导的这些行为使下属感受到一种归属感，对组织产生“家”的感觉，从而产生组织心理所有权。组织心理所有权是对三种需要（“家”、自我效能感、自我认同）满足过程中的一种拥有体验，而员工体验到心理所有权会催生出责任感。进谏行为虽是一种有风险的角色外行为，但是员工的组织心理所有权所催生的责任感会促使员工积极维护组织，激励员工做出有利于组织的角色外行为。因为心理所有权产生会伴随着一种“主人翁”责任意识，这种责任意识导致特定的行为的产生，如组织公民行为。已有研究表明组织心理所有权比组织承诺等变量对员工组织公民行为更具有预测力。即当员工具有了组织的事就是自己的事，组织的利益就是自己的利益的责任意识时，也就激发了员工产生进谏行为。威权领导则要求下属绝对服从，强调上级的权威性，要求部属无条件地服从，很少授权，对信息进行保密，使员工对领导产生距离感。而组织心理所有权形成的途径就是来自对目标的深入了解和投入。因此，威权领导不能为员工带来组织认同，促使其进谏。

据此，本书提出以下假设：

假设 3a：组织心理所有权在仁慈领导与员工进谏行为之间起中介作用。

假设 3b：组织心理所有权在德行领导与员工进谏行为之间起中介作用。

假设 3c：组织心理所有权在威权领导与员工进谏行为之间起中介作用。

本研究的理论模型如图 4-1 所示。

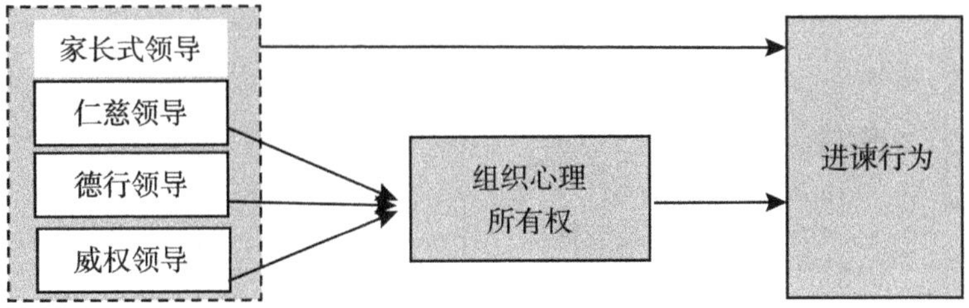

图 4-1　理论研究模型

第二节　研究设计

一、研究样本

本研究在武汉市选取了12家企业，共发放问卷520份，收回483份，审核发现6份不完整问卷，12份逻辑不一致问卷，予以剔除，最终得到的有效问卷是465份，问卷有效回收率为87.69%。有效样本的员工特征如表4-1所示。

表4-1　**样本员工的人口统计特征（*N*=465）**

员工特征	类别	数量/人	比例/%
性别	男	251	54%
	女	214	46%
年龄	25岁及以下	144	31.7%
	26~35岁	213	62.6%
	36岁及以上	26	5.7%
工作年限	1年以下	82	17.5%
	2~3年	204	44.0%
	4~5年	101	21.6%
	6年以上	78	16.8%
工作职务	普通员工	290	62.3%
	基层管理者	116	24.9%
	中层管理者	45	9.8%
	高层管理者	14	3.0%
单位规模	50人以下	83	17.7%
	51~100人	83	17.7%
	101~500人	119	25.7%
	501人以上	160	38.9%

续表

员工特征	类别	数量/人	比例/%
单位性质	国有企业	190	41%
	合资企业	149	32%
	民营企业	126	27%

如表4-1所示，从性别的分布情况来看，男性占54.0%，女性占46.0%，男性比例高于女性比例。从年龄的分布情况来看，25岁以下和26~35岁的员工所占的比例最大，分别为31.7%和62.6%；36岁以上的员工占5.7%。35岁及其以下的年轻员工所占的比例居多，占总样本的84.2%。由此可见，年轻员工（80后、90后）是本研究样本的主体。从在单位的工作年限的分布情况来看，工作2~3年的员工最多，占44.0%，其次为工作4~5年、1年以下和6年以上的员工，所占比例分别为21.6%、17.5%和16.8%。从工作职务的分布情况来看，普通员工最多，占62.3%，基层管理者占24.9%，担任中层管理和高层管理职务的人较少，分别占9.8%和3.0%的比例。这与样本工作年限情况基本相符。从单位规模的分布情况来看，在501人以上单位工作的人最多，占38.9%；单位规模在101~500人的人占25.7%；50人及以下与51~100人的比例都为17.7%。从单位性质来看，国有企业人数占41%，人数最多，其次是合资企业人数占32%和民营企业人数27%。

二、测量工具

本书采用符合相关概念界定，已被多个研究采用并证明具有良好信效度的成熟问卷。问卷采用自评的方式，所有测试题项均由被访者自己填写。这可能会产生社会赞许性偏差，因此在问卷设计上，主要包括三部分内容，分别为指导语、个人基本信息和问卷的主体部分。指导语部分强调调查的学术性和匿名信，并做出保密承诺，以消除被测的戒备心理，减少社会赞许性偏差；个人基本信息包括被访者的性别、年龄、工作年限、职务以及所在单位的规模；

问卷的主体部分是分别测量家长式领导、员工进谏行为和组织心理所有权的题项，具体如下：

家长式领导量表。根据前面对家长式领导的研究综述，并结合本书的研究特点，采用中国台湾学者郑伯埙（2000，2003）编制的家长式量表，包含有三个维度（仁慈领导、德行领导与威权领导），每个维度5个题项，共计15个题项。员工进谏行为量表。本研究引用国内学者使用最多的是LePine和Van Dyne（1998）编制的6题项量表。该量表包括6个条目，全部为正向条目。

组织心理所有权量表。本研究采用由郑伯埙、樊景立等设计的心理所有权量表，并由广州中山大学管理学院教授李新春进行过问卷调研，共7个题项。

进谏行为量表采用已翻译好的中文量表，为适合中国组织情境下调查对象的语言表达，我们对照原英文量表，对最初的中文量表做了一定的修改和完善。问卷初稿形成后，在小范围内发放问卷，并与被试访谈，对意思表达不清晰的题项进行修正，确保题项准确表达要研究的内容。

本研究中所有量表均采用Likert五点量表计分法，1、2、3、4、5依次代表选项：非常不同意、不同意、一般、同意、非常同意。其中，家长式领导的德行领导维度第16题是反向题，采用反向计分法。

第三节　数据分析结果

一、变量的描述性统计

为了初步了解家长式领导的各维度状况、进谏行为程度以及组织心理所有权，我们对变量进行描述性统计分析。本部分描述主要包括调查对象在各因素上的均值和标准差、偏度和峰度。均值体现出数据的集中趋势，方差体现了数据的离散程度，偏度和峰度则说明数据的分布形态，当偏度绝对值小于3，峰度绝对值小于10时，可以认为观察变量基本上服从正态分布（Kline，1998），观察变量满足正态性假设，是做回归分析的前提。描述性统计详细内容如表4-2所示。

表4-2　**变量的描述性统计（N=465）**

变　量		N	平均值	标准差	峰度	偏度
家长式领导	仁慈领导	456	3.34	0.649	0.843	-0.091
	德行领导	456	3.40	0.712	0.349	-0.511
	威权领导	456	3.15	0.680	-0.403	0.054
	进谏行为	456	3.63	0.493	0.273	0.006
	组织心理所有权	456	3.43	0.638	0.555	-0.086

从表4-2可以看出，仁慈领导的均值和标准差为3.34±0.649，德行领导的均值和标准差为3.40±0.712，威权领导的均值和标准差为3.15±0.680。由于本量表的中数为3，因此，调查对象中仁慈领导、德行领导及威权领导整体处于中等偏上水平。

员工进谏行为的均值和标准差为3.63±0.493，可见，组织中员工的进谏行为处于中等偏上水平。组织心理所有权的均值和标准差为3.43±0.638，可见企业中员工的组织心理所有权也处于中等偏上水平。

各变量偏度绝对值均小于1，峰度绝对值也均小于1。因此，可以认为大样本调查数据基本上服从正态分布，适合做进一步分析。

二、信效度检验

问卷的信效度分析主要是对量表测量结果的一致性和测量内容的准确性进行检验。信度测量可分为内在信度测量和外在信度测量，本书只针对内在信度进行分析，内在信度测量的是测验题目内部之间的一致性，常用的检验方法是通过克朗巴哈（Cronbach α）系数来衡量的，Cronbach α 系数是衡量量表测验结果一致性、稳定性与可靠性的重要指标。

量表的效度主要由内容效度和结构效度这两个指标来衡量。内容效度是指该量表是否涵盖了所测量内容的所有方面；结构效度是指量表能够测量被测内容的程度；这两者的效度越高，测量结果与要考察的内容越吻合。

内容效度强调测量内容的广度、涵盖性与丰富性，大部分是依靠逻辑分析的方式进行判断。本研究调研所用的量表均来自国内外成熟量表，量表各题项所表达的内容和范围均已得到国内外诸多学者的多次检验和验证，因此均具有很好的内容效度。

结构效度分析采用探索性因子分析（Exploratory Factor Analysis，EFA）和验证性因子分析（Confirmatory Factor Analysis，CFA），通过探索性因子分析能够简化及确定量表因子及题项；验证性因子分析则可以验证一个因子与相对应的测量题项之间的关系是否符合研究者所设计的理论关系，由于采用外国开发的成熟量表，已经具有很好的内容效度，本研究中不需要再对量表题项进行探索性因子分析。

（一）信度检验

本研究用 Cronbach α 系数来检验量表的信度。如果内在信度系数在 0.7 以上，则可认为该量表内在一致性是可以接受的，低于 0.6 则不能接受。对问卷的 Cronbach α 系数统计值如表 4-3 所示。

表 4-3　**量表信度分析汇总结果（N=465）**

量　表	题项数	Cronbach α 系数
家长式领导	15	0.735
仁慈领导	5	0.822
德行领导	5	0.815
威权领导	5	0.802
进谏行为	6	0.776
组织心理所有权	7	0.869

由数据可知，家长式领导分量表的 Cronbach α 系数分别为

0. 822、0. 815、0. 802，均高于 0. 70 的推荐值。员工进谏行为分量表的 Cronbach α 系数为 0. 776，组织心理所有权量表的 Cronbach α 系数分别为 0. 869，三个量表的内部一致性系数均高于 0. 7，这说明问卷的内部一致性较高，问卷可靠性较好。

（二）效度检验

验证性因子分析适用于在已有的理论和经验的基础上，观察测量模型与假设模型的契合程度，如果估计模型和抽样数据具有很好的契合，则说明测量的建构效度得到支持。本研究中除了家长式领导外，员工进谏行为和组织心理所有权都属于单维度的结构，因此，本书运用 AMOS17. 0 统计软件对家长式领导进行验证性因子分析。本书采用验证性因素分析考察测量的结构效度，通常采用的模型拟和指数有 χ^2/df、RMESA、GFI、CFI，各指标含义和取值说明如表 4-4 所示。

表 4-4　**模型拟合指数含义与取值说明**

指标	含义	取值说明		
χ^2/df	样本协方差矩阵与拟合协方差矩阵相似度	$\chi^2/df<3$ 表示模型拟合比较好	$\chi^2/df<5$ 表明模型尚可接受	$\chi^2/df<10$ 表示模型很不理想
RMESA	渐进残差均方和平方根，表示模型的适匹度	RMSAE<0. 05 表示模型拟合非常好	一般在 0. 05~0. 08 属于合理范围	RMSAE>0. 10 代表不拟合
GFI	（拟合优度指数）衡量假设模型与样本数据的拟合程度	GFI>0. 85 表示拟合度达到同级要求	大于或接近 0. 90，越接近 1 表明模型整体拟合程度越好	
CFI	比较拟合指数	大于或接近 0. 90，越接近 1 表明模型整体拟合程度越好		

通过 AMOS17.0 的验证性因子分析，从而得到家长式领导的验证性因子分析结果。由表 4-5 可知，家长式领导 3 因子模型三维度拟合度最佳，RMSAE 低于 0.08，GFI、CFI 都高于 0.90，卡方与自由度的比值小于 5，优于 1 因子模型和 2 因子模型。因此，家长式领导三维度模型具有较高的结构效度。具体数据如表 4-5 所示。

表 4-5　**家长式领导验证性因子分析结果（N=465）**

模型	因　素	χ^2	df	χ^2/df	GFI	CFI	RMSEA
模型 1	3 因子：BL；ML；AL	157.109	86	2.418	0.910	0.925	0.073
模型 2	2 因子：BL；ML+AL	614.911	89	6.909	0.715	0.679	0.150
模型 3	2 因子：ML；BL+AL	633.297	89	7.116	0.709	0.667	0.152
模型 4	2 因子：AL；BL+ML	380.714	89	4.278	0.844	0.821	0.111
模型 5	1 因子：BL+ML+AL	687.309	90	7.637	0.700	0.634	0.159

注：BL 表示仁慈领导；ML 表示德行领导；AL 表示威权领导；+代表 2 个因子相加。

为了对整体量表的效度进行检验，本研究进一步检验量表的区分效度，由于组织心理所有权和员工进谏行为为单维度变量，根据 Zhang 和 Bartol（2010）的处理方法，分别将组织心理所有权 7 个项目和员工进谏行为 6 个项目进行因子法打包分成 2 个部分。因此，将组织心理所有权 7 个题目随机分为两组，第一组由 3 个题目组成（OPO2、OPO4、OPO6）、第二组由 4 个题目组成（OPO1、OPO3、OPO5、OPO7）。将进谏行为 6 个题目随机分成两组，第一组由 3 个题目组成（VB1、VB3、VB5），第二组由 3 个题目组成（VB2、VB4、VB6）。本研究运用 AMOS17.0 对模型进行拟合和匹配以选择最佳模型，主要对四个模型进行对比分析，如表 4-6 所示。

表 4-6 **整体量表的区分效度（N=465）**

模型	因 素	χ^2	df	χ^2/df	RMSEA	GFI	CFI
模型 1	5 因子：BL；ML；AL；OPO；VB	374. 152	192	1. 949	0. 06	0. 894	0. 926
模型 2	3 因子：BL+ML+AL；OPO；VB	890. 263	203	4. 386	0. 113	0. 733	0. 721
模型 3	2 因子：BL+ML+AL；OPO +VB	1113. 165	208	5. 352	0. 128	0. 691	0. 632
模型 4	1 因子：BL+ML+AL+OPO +VB	1314. 546	209	6. 290	0. 142	0. 661	0. 551

注：BL 表示仁慈领导；ML 表示德行领导；AL 表示威权领导；OPO 表示组织心理所有权；VB 表示员工进谏行为；+代表 2 个因子相加。

由表 4-6 可知，单因子模型（BL+ML+AL+OPO+VB）的χ^2/df为 6. 290，RMSEA 值为 0. 142，明显大于绝对拟合指标的标准，相对拟合指标 GFI 和 CFI 指标也均小于 0. 9，说明单因子模型是不可接受的。同时，3 因子模型和因子模型的各指标都未达到模型匹配时的指标要求，说明模型不匹配。5 因子模型（BL；ML；AL；OPO；VB）中χ^2/df为 1. 949，在 1～3 之间为较好，RESEA 值为 0. 06 小于 0. 08，CFI 和 GFI 指标值分别为 0. 894、0. 926，接近于 1，综合绝对拟合指标和相对拟合指标值，说明整体量表的 5 因子模型在所有的模型当中是最优的。同时也说明本研究中的家长式领导量表、组织心理所有权量表和员工进谏行为量表之间具有较高的区分效度，可以很好地进行相关分析、回归分析。

三、共同方法偏差检验

共同方法偏差产生于样本的数据都来源于同样的被试者，或者在同样的测量环境、语境进行调查，以及问卷使用了同样的语言表达方式，这种误差本身是不可避免的，但是只要这种误差在一定的范围之内，通过问卷调查方式分析数据取得的结论是仍然可信的。

因此，在正式进行数据分析之前，对共同方法偏差进行检验是十分必要的。按照龙立荣的 Harman 单因素检验方法假设这种方法变异大量存在，则在进行因子分析时，可能存在一个公因子能够解释大部分变量变异。本书采用 SPSS17.0 对所有问卷中的项目进行因子分析，发现第一主成分只占了 26.45%，说明了共同方法偏差不足以对所得结论产生实质性的影响。

四、研究假设的检验与分析

（一）变量间相关关系检验

在以上数据分析的基础上，本研究将通过相关分析和回归分析进一步验证第二章提出的研究模型和假设，明确各变量之间的关系。

变量之间的相关关系粗略地刻画变量之间的关系，对于我们初步认识变量之间的关系有一定的意义。相关系数 r 在 0.70~0.99 表示高度相关，0.40~0.69 表示中度相关，0.10~0.39 表示低度相关，0.10 以下为微弱相关或者无相关。本书采用 SPSS17.0 验证四个变量的 Pearson 简单线性相关关系，结果如表 4-7 所示。

表 4-7　**各研究变量的均值、标准差以及相关系数矩阵（N=465）**

	1	2	3	4	5
1. 仁慈领导	—				
2. 德行领导	0.651**	—			
3. 威权领导	−0.179**	−0.294**	—		
4. 进谏行为	0.355**	0.296**	0.020	—	
5. 组织心理所有权	0.465**	0.495**	−0.036	0.465**	—
MEAN	3.34	3.40	3.15	3.62	3.42
SD	0.649	0.713	0.680	0.494	0.636

注：* 表示 $P<0.05$；** 表示 $P<0.01$；*** 表示 $P<0.001$，相关系数为 Pearson 相关系数。

从表 4-7 中可知，仁慈领导与德行领导正相关，相关系数为 0.651，在 $P<0.01$ 水平上显著。家长式领导中，仁慈领导、德行领导分别与威权领导负相关，相关系数在 0.2 左右，属于低度相关，且在 $P<0.01$ 水平上显著。

组织心理所有权与家长式领导的仁慈领导和德行领导正相关，其相关系数分别为 0.465、0.495，相关系数在 0.4 左右的水平，属于中度相关，各相关系数均在 $P<0.01$ 水平上显著；组织心理所有权与威权领导负相关，但是相关系数在 $P<0.01$ 水平上不显著。

进谏行为与家长式领导中的仁慈领导、德行领导正相关，相关系数分别为 0.355，0.298，相关系数在 $P<0.01$ 水平上显著；与威权领导正相关，但相关系数在 $P<0.01$ 水平上不显著。此外，进谏行为与组织心理所有权、心理安全感正相关，相关系数分别为 0.465、0.252，分别达到中度相关与低度相关，相关系数在 $P<0.01$ 水平上显著。

（二）变量间的回归检验

1. 家长式领导对进谏行为的回归

本部分以人口统计学变量为控制变量，其中包括性别、年龄、工作经验、职务和单位规模，家长式领导三维度为自变量，分别为仁慈领导、德行领导、威权领导，进谏行为是因变量，采用回归分析方法，研究家长式领导三维度对员工进谏行为的影响。步骤如下：首先将控制变量放入回归方程得出模型 1，其次将家长式领导三维度分别放入回归方程，得出模型 2、3、4，最后将家长式领导三维度同时放入回归方程，得出模型 5，结果如表 4-8 所示。

表 4-8　**家长式领导三维度对进谏行为的回归结果**

	模型 1	模型 2	模型 3	模型 4	模型 5
控制变量					
Constant	3.793***	2.916***	3.106***	3.812***	2.582***
性别	−0.148*	−0.142*	−0.155*	−0.149**	−0.139

续表

	模型 1	模型 2	模型 3	模型 4	模型 5
年龄	-0.060	-0.053	0.048	-0.060	-0.045
工作经验	-0.017	-0.017	-0.020	0.018	0.015
职务	0.033	0.016	0.033	0.034	0.018
单位规模	0.022	0.022	0.013	0.022	0.014
自变量					
仁慈领导		0.465***			0.206***
德行领导			0.204***		0.119*
威权领导				-0.006	0.063
R^2	0.036	0.156	0.122	0.036	0.171
ΔR^2	0.036	0.120	0.086	0.000	0.135
ΔF	1.928	7.968***	5.975***	1.604	6.580***

注：* 表示 $P<0.05$；** 表示 $P<0.01$；*** 表示 $P<0.001$。

由表 4-8 可知，模型 1 中控制变量对员工进谏行为的影响作用不显著，将家长式领导的仁慈领导、德行领导维度和威权领导分别加入后可知，得到模型 2、3、4。根据表 4-8，模型 2 和模型 3 中 R^2 有了显著增长，F 统计值的显著水平远远高于 0.01，ΔR^2 分别为 0.120 和 0.086，表示分别可以增加 12%（$P<0.001$）、8.6%（$P<0.001$）的解释变差，这说明模型 2 和模型 3 改进了模型 1，回归效果显著，其中回归系数分别为 0.465（$P<0.001$）和 0.204（$P<0.001$）。根据模型 4 的数据可知，威权领导没有增加解释变差，且回归系数 0.006 在 $P<0.05$ 水平上不显著。同时，将模型 2、3、4，与模型 5 比较发现，模型 5 中仁慈领导和德行领导对员工进谏行为有显著影响，仁慈领导对进谏行为的解释力最强（$P<0.001$）。从以上分析可以看出，本研究假设 1a 和假设 1b 得到支持，而假设 1c 没有得到支持。

2. 家长式领导对组织心理所有权的回归

本部分以人口统计学变量为控制变量，其中包括性别、年龄、工作经验、职务和单位规模，家长式领导三维度为自变量，其中包括仁慈领导、德行领导和威权领导，组织心理所有权为因变量，采用回归分析方法，研究家长式领导三维度对组织心理所有权的影响。步骤如下：首先将控制变量放入回归方程得出模型 1，其次将家长式领导三维度分别放入回归方程，得出模型 2、3、4，最后将家长式领导三维度放入回归方程，得出模型 5，结果如表 4-9 所示。

表 4-9　**家长式领导三维度对组织心理所有权的回归结果**

	模型 1	模型 2	模型 3	模型 4	模型 5
控制变量					
Constant	3. 507***	2. 019***	1. 997***	3. 624***	0. 035***
性别	0. 026	0. 036	0. 012	0. 021	−0. 104
年龄	−0. 137	−0. 125	−0. 110	−0. 139	0. 037
工作经验	0. 038	0. 037	0. 045	0. 040	0. 082
职务	0. 101	0. 072	0. 099*	0. 102	−0. 065
单位规模	−0. 044	−0. 044	−0. 065*	−0. 042	0. 035*
自变量					
仁慈领导		0. 450***			0. 220**
德行领导			0. 450***		0. 350***
威权领导				−0. 037	0. 115*
R^2	0. 031	0. 241	0. 282	0. 033	0. 325
ΔR^2	0. 031	0. 209	0. 251	0. 002	0. 294
ΔF	1. 670	13. 632***	16. 921***	1. 457	0. 325***

注：* 表示 $P<0.05$；** 表示 $P<0.01$；*** 表示 $P<0.001$。

由表 4-9 可知，模型 1 中的控制变量对组织心理所有权的影响作用不显著，在模型 2 和模型 3 中分别加入仁慈领导、德行领导后，R^2有了显著的增加，分别增加了 20. 9%、25. 1%，且 F 统计值的显著水平远远高于0.01，回归系数都为0.450，在$P<0.001$水平上显著。模型4中加入威权领导后，R^2增加甚微，但是威权领导的解释度不显著，回归系数为-0.037，在$P<0.05$水平上不显著。同时，将模型2、3、4与模型5进行比较发现，德行领导对组织心理所有权影响解释力最强（$P<0.001$）。从以上分析可以看出，本研究假设2a和假设2b得到支持，假设2c没有得到支持。因为假设1c和假设2c的研究假设没有得到支持，所以假设3c关于组织心理所有权在威权领导和进谏行为之间的中介作用的假设也不成立，所以假设3c的研究假设也没有得到支持。

3. 组织心理所有权在仁慈领导与进谏行为之间的中介作用

本部分内容检验的是组织心理所有权在仁慈领导与进谏行为之间的中介作用，共分为三个步骤，如表4-10所示。

表4-10　**组织心理所有权在仁慈领导与进谏行为之间的中介检验**

	方程1（系数 *c*）	方程2（系数 *a*）	方程3（系数 *b*、*c*`）
	进谏行为	组织心理所有权	进谏行为
控制变量			
Constant	2.916***	2.019***	2.293***
性别	-0.142*	0.036	-0.154**
年龄	-0.053	-0.125	0.025
工作经验	-0.017	0.037	-0.014
职务	0.016	0.072	0.005
单位规模	0.022	-0.044	0.035
自变量			
仁慈领导	0.265***	0.450***	0.126**
中介变量			
组织心理所有权			0.309***

续表

	方程 1 （系数 c）	方程 2 （系数 a）	方程 3 （系数 b、$c`$）
	进谏行为	组织心理所有权	进谏行为
R^2	0.156	0.241	0.276
ΔR^2	0.156	0.241	0.120
ΔF	7.968***	13.632***	14.022***

注：* 表示 $P<0.05$；** 表示 $P<0.01$；*** 表示 $P<0.001$。

由表 4-10 可知，方程 1 中仁慈领导对进谏行为的线性回归方程达到显著水平（$F=7.968$，$P<0.001$），回归系数 $c=0.465$（$P<0.001$），仁慈领导的变化能显著解释进谏行为的变化，解释的方差变异量为 15.6%；方程 2 中仁慈领导对组织心理所有权的线性回归方程在达到显著水平（$F=9.651$，$P<0.001$），回归系数 $a=0.450$（$P<0.001$），仁慈领导的变化能显著解释组织心理所有权的变化，解释的方差变异量为 24.1%；方程 3 中仁慈领导与组织心理所有权同时进入回归方程，共同解释进谏行为的变化，与方程 1 相比，解释的方差变异量从 15.6%增加到 27.6%，ΔR^2 为 0.120，即增加 12%的解释度。由此可见，同时以仁慈领导和组织心理所有权作为自变量能更好地预测员工进谏行为。方程 3 中仁慈领导对员工进谏行为的影响系数 $c`=0.126$（$P<0.01$）$<c=0.265$（$P<0.001$），显著下降；同时，中介变量组织心理所有权对员工进谏行为的影响作用仍然存在且显著（$b=0.309$，$P<0.001$）。由此可以判断假设 3a 成立，组织心理所有权在仁慈维度与员工进谏行为的关系中具有部分中介作用。

4. 组织心理所有权在德行领导与进谏行为之间的中介作用

本部分内容检验的是组织心理所有权在德行领导与进谏行为之间的中介作用，共分为三个步骤，如表 4-11 所示。

表 4-11　　组织心理所有权在德行领导与进谏行为之间的中介检验

	方程 1（系数 c）	方程 2（系数 a）	方程 3（系数 b、c'）
	进谏行为	组织心理所有权	进谏行为
控制变量			
Constant	3.106***	1.997***	2.428***
性别	-0.155*	0.012	-0.159**
年龄	0.048	-0.110	-0.011
工作经验	-0.020	0.045	0.005
职务	0.033	0.099*	-0.001
单位规模	0.013	-0.065*	0.035
自变量			
德行领导	0.204***	0.450***	0.052
中介变量			
组织心理所有权			0.339***
R^2	0.122	0.282	0.259
ΔR^2	0.122	0.282	0.137
ΔF	5.975***	16.921***	12.841***

注：* 表示 $P<0.05$；** 表示 $P<0.01$；*** 表示 $P<0.001$。

从表 4-11 可知，方程 1 中德行领导对进谏行为的线性回归方程达到显著水平（$F=5.975$，$P<0.001$），回归系数 $c=0.204$，德行领导的变化能显著解释进谏行为的变化，解释的方差变异量为 12.2%；方程 2 中德行领导对组织心理所有权的线性回归方程达到显著水平（$F=16.921$，$P<0.001$），回归系数 $a=0.450$，德行领导的变化能显著解释组织心理所有权的变化，解释的方差变异量为 28.2%；方程 3 中德行领导与组织心理所有权同时进入回归方程，共同解释进谏行为的变化，与方程 1 相比，解释的方差变异量从

12.2%增加到25.9%，ΔR^2为0.137，即增加13.7%的解释度。由此可见，同时以德行领导和组织心理所有权作为自变量能更好地预测员工进谏行为。方程3中德行领导对员工进谏行为的影响系数$c'=0.052$，c在0.05水平上不显著；同时，中介变量组织心理所有权对员工进谏行为的影响作用仍然存在且显著（$b=0.339$，$P<0.001$）。由此可以判断假设3b成立，组织心理所有权在德行维度与员工进谏行为之间具有完全中介作用。

第四节 结论与建议

一、研究结论

在理论分析的基础上，本研究通过相关分析、方差分析、回归分析等数据分析方法，验证假设后，得出以下研究结论：

结论1：家长式领导三维度对进谏行为的影响不一致，仁慈领导维度、德行领导维度对员工进谏行为有显著的正向影响，威权领导对进谏行为的负向影响不显著。即中国组织中，仁慈领导风格和德行领导风格是激发员工进谏的核心维度。

结论2：家长式领导中的仁慈领导、德行领导对员工组织心理所有权有显著正向影响。即在组织中表现出高仁慈领导、高德行领导，提高员工对组织的认同，使其产生高水平的组织心理所有权。

结论3：组织心理所有权在仁慈领导与进谏行为的关系中起部分中介的作用，在德行领导与进谏行为的关系中起完全中介作用。

二、管理启示与建议

根据以上的研究结论，本研究对我国企业管理实践提出以下几点启示：

（一）选择正确的领导风格

由结论可知，在中国企业情境下，仁慈领导、德行领导更容易被员工接受，也更容易激发员工进谏，而威权领导不能影响员工进谏。这启示我们，应该辩证地看到家长式领导理论，不能盲目接受，全盘照搬。在过去“人治”社会背景下，可能威权领导会带来一定的效能，但是随着中国社会的不断发展，法制的不断完善，企业一方面依靠制度规范来取代“人治”，另一方面通过领导的以人为本的管理风格与其进行互补，才会带来更好的组织效能。因此，企业管理者在管理实践中应多表现施恩树德行为，把握好“恩威并施”的度，具体表现在关怀下属的工作、生活，指导下属成长；同时通过正直的品德，以身作则赢得下属的信任。领导对待员工的进谏，不仅仅是鼓励，还要耐心倾听，尊重员工的建议，不因员工提出与自己相反的建议，而对其产生偏见。只有施恩树德的领导风格带领下，员工才会感觉到进谏是有价值的、安全的。特别强调的是，中层管理者尤其要发挥在高层领导者与员工之间承上启下的沟通桥梁作用，因此更需要选择合适的领导风格。

（二）创造良好组织环境，提高员工的组织心理所有权

家长式领导中仁慈领导和德行领导通过员工心理感知路径影响员工进谏。因此，在组织建设中，要创造良好的组织氛围，来提升员工的组织心理所有权。这一方面要从文化建设入手，一方面要从制度建设入手。具体到企业管理实践上，主要由企划部门和人力资源部门负责进谏管理。在文化建设中，企划部门首先是在组织架构上，要建立畅通的沟通渠道，扁平化组织结构，减少森严的等级；其次要做好宣传教育工作，建设公正、开放、相互信任的企业文化，提倡主人翁精神，使员工感受到自己是公司的主人，认识到进谏是一种被认可的、安全的行为。在制度建设上，人力资源部门则需要从人力资源管理制度建设上着手，通过内部培训、设计绩效、薪酬制度的方式来提升员工的组织心理所有权。（1）在培训上，通过企业内部文化培训，向员工灌输“敢于进谏”的理念，将企业文化和个人认知紧密联系在一起，建立共同的价值观和任务目标，促使员工认同组织；（2）在绩效管理上，实施目标管理，给予员工对工作的更多控制权，对组织决策的参与权，提升员工组织心理所有权；（3）在薪酬制度上，将进谏质量与员工薪酬福利挂

钩，如可设计“进谏模范奖”等，奖励员工福利，最终起到典型示范的作用，激励更多的员工积极进谏。以上两方面的建设是相辅相成的，两手一起抓才能达到事半功倍的效果。此外，要使以上这些建设能够达到预期效果，关键还是领导者要发挥指示和表率作用，如果自上而下，中层领导者向高层领导者积极进谏，不仅得到积极的反馈，而且还有奖励；那么基层管理者和员工就认知到原来组织是鼓励进谏的，进谏是安全的，因此也就激发了他们的进谏意愿。

（三）构建畅通有效的进谏沟通机制

搭建好大平台后，还要完善好沟通机制这一小舞台。有效的沟通机制必须是双向的、互动的、有始有终的，不仅包括决策前，员工能参与讨论、发表意见，还包括决策后，员工可以对现有决策提出异议，上级对员工提出建议进行反馈等。其次，搭建好畅通的沟通渠道，这个渠道不仅包括正式沟通渠道，组织还应充分利用现代网络技术带来的便捷，建立非正式沟通机制。比如通过组织内部的聊天群、论坛等，在匿名的环境下能有效减少员工对进谏的种种顾忌，从而了解员工真实的心声，真实了解企业现状，为企业做出正确决策提供依据。

三、研究局限与未来展望

（一）研究局限

本研究从最初选题、研究变量的选择、问卷调查及数据分析及管理对策的提出，都做了大量的准备。本研究力求做到内容充实、数据真实、语言精准，但是由于经验和能力等方面的不足，以及实际调查操作的限制，仍存在以下的不足：

1. 研究对象的局限性

尽管本研究所使用的问卷为465份，已经达到定量研究的样本数量要求，但本研究的调查对象仍然不够全面。从样本的年龄分布上看，26~35岁的员工占据调查样本的比例达到62.6%，青年员工占据的比例过大，使得调查样本过于集中；本研究的群体大多数参加工作年限较短，3 年以下工作经验的占 44%，并且大多是普通员工岗位，达到 62.3%。随后在研究中发现，样本限制使得变量数据较为集中，对研究结果造成一定的干扰。虽然在研究中已将人口统计变量作为控制变量进行了干预，但变量数据的集中造成某些研究假设无法得到验证，并限制了研究结论的可推广性。因此，未来研究需要进一步扩大样本量，得出更符合实际情况的结论。

2. 数据收集方法的局限性

由于对家长式领导、员工进谏行为、组织心理所有权的测量都是采用自评的方式，且有一部分问卷是通过网络的方式发放，没有现场的指导。因此，这样必然存在同源偏差和被试自评过高或过低的问题，对问卷数据的可信度也造成影响。所以未来需要较好的研究设计，采用多渠道、多手段的搜集信息，建议可采用问卷和访谈相结合的方法。

3. 横截面研究的局限

在组织心理所有权的中介作用下，家长式领导对员工进谏行为的影响研究应属于一个长期的过程，因时间和成本的限制进行的这种横截面的研究，可能会造成研究结果的局限性，设计跟踪研究，可以对因果关系做出更全面、更准确的检验。

（二）未来展望

总体来说，虽然本研究提出的理论研究模型和实证分析过程尚显粗糙，但在目前国内家长式领导和员工进谏行为的理论研究尚不完备，以及企业管理中员工进谏行为的重要性情况下，它迈进了一小步。未来的研究可以在本研究的基础上寻求其他相关领域的深入研究，具体阐述如下：

1. 拓展中介调节机制的研究

本书主要从组织认同的这条路径分析家长式领导与员工进谏行为的中介作用机制，未来的研究可以从多角度探索家长式领导与员工进谏行为的作用机制，中国情境下，员工的传统性人格等变量如何对家长式领导与员工进谏行为产生影响？这是值得探讨的。

2. 开展跨层次研究

本研究只是从员工个体层面来研究家长式领导、组织心理所有权对员工进谏行为的影响，未来研究可以引入团队和组织层面的情景因素（组织氛围等），从而能够更加深入全面地对员工进谏行为进行研究。

3. 进行跨文化研究

目前，家长式领导的效能研究主要集中于组织企业情境中，有关家长式领导的跨文化研究还比较少，更多的是西方领导理论的跨文化研究。在未来的研究中，可以尝试探讨在西方企业情境中家长式领导对员工进谏的有效性问题，探讨家长式领导在不同组织情境下的效能比较。

4. 探索交互作用研究

家长式领导包涵仁慈领导、德行领导和威权领导。在管理实践中，我们经常讲到要“施恩树德”，同时也有人提出“恩威并施”。那么这两者之间是否存在矛盾呢？它们又是如何对员工工作态度和行为产生影响呢？未来研究可进一步探讨家长式领导三维度交互作用对员工工作态度、行为的影响。

第五章　上下级关系对员工沉默行为影响的实证研究

第一节　问题提出

一、研究背景

随着经济全球化、文化多元化和信息网络化，组织面临的环境越来越具有动态性和复杂性的特点。日趋激烈的竞争要求组织持续学习、创新和变革。在这样的新形势下，员工的建议、观点和看法对组织的有效运转起着至关重要的作用。由于员工往往能比高层管理者更早发现工作中的问题，也更了解应该如何去解决，还能在工作中提出新的点子和方法。因此，组织需要他们积极参与到决策中，及时向管理者反映问题，并针对相关事务提出建设性意见，在组织中形成开放的沟通氛围，增强组织在高不确定性环境中的适应性。然而在现实的中国组织中，许多员工仍然秉承“沉默是金”的金科玉律，不愿意对组织和工作发表个人意见，甚至在了解到组织中潜在的问题时也有意识地保持沉默。沉默行为在国内外组织中都普遍存在（Milliken & Morrison，2000；何轩，2009）。尤其是对我国而言，我国传统文化强调人际和谐与角色定位，这使得人们宁愿选择沉默以回避冲突，维持好的人际关系。

自 2000 年起，阻碍组织决策质量和创新水平的员工沉默行为就开始不断得到关注。理论界和企业界一致认为沉默行为的负面影响极大。员工沉默不仅会阻碍员工多样化带来的知识分享，严重损害组织的持续学习和变革、降低管理者决策质量，还会使员工产生没有受到重视、缺乏控制、认知失调等心理感受，进而导致员工低工作动机、低工作满意感、高压力、工作倦怠等，无形中增加了组织成本（Orrison & Milliken，2000；Morrison & Milliken，2003；Vakola & Bouradas，2005）。

目前，沉默正成为一个新的研究热点，围绕“员工为何选择沉默”这一课题，国内外越来越多的心理学、管理学学者开展了大量研究，从不同层面提出了林林总总的观点。但总的来说，目前该领域的研究尚处于发展阶段，实证研究还不丰富，沉默行为的形成机制等有待深入探讨与整合。而在国内，对于沉默的研究还刚刚起步，实证研究还很缺乏，有部分学者相继对这一概念进行了本土化研究，发现了与国外研究不一致的结论，据此呼吁更多的学者来关注中国组织中的员工沉默行为（何轩，2009；2010）。

另一方面，关系在我国的社会生活中具有十分重要的作用（张志学，2001）。我国是属于关系导向的文化，跨文化的研究已经显示，在华人企业的组织情境中，人际互动表面上遵循的是正式身份与工作角色的规范，而事实上，起主导作用的是与企业领导“隐而不宣，幽暗不明”的关系。在华人企业中，组织中的员工，无论是工作还是生活层面均受到上司的深刻影响。然而，当前国内对上下级关系的研究大多移植西方理论，已有学者明确指出，西方背景下的LMX理论难以贴切地描述中国情形下的上下级关系，应当结合本国特色进行研究。

此外，对工作场所的感知对员工的态度和行为有重要的影响。根据国外对员工沉默影响因素的研究发现，员工感知到的组织氛围在个人选择是否沉默时，扮演了关键性角色。当组织尊重员工，认真听取他们的意见，并积极鼓励员工参与管理决策时，就为员工创造了一个能畅所欲言的好氛围（张志学，2001）。在这样有利的环境下，员工才会发表自己的观点、意见和看法。相反，当组织弥漫着沉默氛围时，员工表达自己观点的意向就会减弱。因此，上下级关系对员工沉默行为的影响可能会因为组织氛围的差异而有所不同。鉴于此，本研究在探讨上下级关系对员工沉默行为的影响时，拟进一步分析组织沉默氛围对两者关系的调节作用，以期为打破中国情境中的员工沉默行为提出更为具体化的建议。

二、理论基础与研究假设

（一）理论基础

1. 上下级关系

目前的研究者普遍采用领导-成员交换理论（LMX）来探讨上下级关系的影响作用。领导-成员交换理论的特征之一是从交换的视角来描述关系（郭晓薇，2011），即上下级关系以社会交换为基础，一方必须提供一些另一方认为有价值的东西，双方都认为交换是公平合理的（Graen，G. B. & Scandura，T. A.，1987）。从这个视角来看，与上级具有高质量关系的员工很有可能会出于对上级情感、信任的回报而采取角色外行为，即更有可能打破沉默。然而，在对本土上下级关系的文献回顾中发现，中国文化背景下的上下级关系与LMX理论相比，具有其他的丰富内涵。仅从社会交换理论的视角并不能全面、清楚地解释在我国情形下，上下级关系对员工行为的影响。例如，国内学者李超平和鲍春梅（2011）在从社会交换的角度探究上下级关系通过信任对员工沉默行为产生影响的研究时发现，领导-成员交换关系难以解释员工的防御沉默和默许沉默。他们认为可能存在其他的中介机制或调节变量影响了这一过程。Farh，Hackett和Liang（2007）的研究也证实了西方互惠原则在管理中国的社会交换方面发挥的作用很小。社会交换理论不大适用于高权力距离和高传统性的中国员工。据此，我们有理由认为，领导-成员交换所强调的社会交换并非上下级互动行为的唯一动因。西方的组织行为学和领导行为理论表明，上下级关系除了人际情感交换外，还存在利益交换和心理契约义务这两类不同于社会交换的上下级关系观点（姜定宇，2005）。利益交换强调的是关系的工具性，即双方出于个人利益的互动；而心理契约则强调平等关系下双方的彼此期望。国内学者俞达和梁钧平（2002）曾审视了领导-成员交换理论，指出双方可能出于工具性的自我利益，导致上下级关系和组织绩效之间可能存在负相关关系。

为了能较为深入地探究上下级关系对员工行为的影响，基于文献的回顾，我们认同姜定宇（2005）的观点，即本土化上下级关系概念具有的丰富内涵，包含了人际情感、利益成分和角色义务三个成分，并与西方理论中的人际情感交换、利益交换和心理契约遥相呼应，具有相似之处。同时，由于文化的差异，中国的上下级关系的三个成分又具有中国情形下的具体内涵。例如，心理契约强调的是双方地位的平等，而中国的上下级关系中强调的是不平等的角色义务。Chen（2004）的研究发现，中国上下级关系中强调个人在工作中的角色责任，即上级期望下级的忠诚和遵从；并且随着上下级之间的关系越密切，越会加强下属的角色义务。

显然，目前上下级关系中的工具性和角色义务性成分对员工沉默行为的影响并没有得到研究的关注。因此，我们认为，通过本土上下级关系这一概念，可以较为全面地揭示出上下级关系对员工沉默行为的影响。

2. 员工沉默行为

员工保持沉默，不说出自己观点或看法是因为担心负面结果或认为其观点对于组织来说不重要。目前不同的学者对于员工沉默行为持有不同的定义，主要包括组织层面上的定义和个人层面上的定义。从组织角度出发，沉默行为是指大多数员工面对组织中潜在的问题而保留他们的观点。从员工个人角度出发，沉默行为是指员工在面对面的工作交往中，有意识的、深思熟虑的行为，即在经过认知判断后，对组织或工作上的意见或问题选择抑制自己的观点。由此可见，虽然对沉默行为的概念未达成一致，但是学者们强调其概念的核心在于有意识的保留。本研究结合具体研究目的和研究内容，采用个人层面上员工沉默行为的定义，并且认为沉默的前提是个体对事情或议题已经有所认识并形成了一定的想法或观点，个体由于无心或者确实没有什么意见需要表达而导致的不发言行为则不属于沉默行为的范畴。

员工沉默行为的维度划分直接影响对其的测量。从目前国内外的研究结果来看，员工沉默行为的维度划分有很多。研究者主要是根据动机来划分员工沉默行为的维度。Morrison 等将员工沉默行为视为单维的。Pinder 等将员工沉默行为分为两维度，即低激起性沉默和高激起性沉默。前者是指员工消极顺从组织中不公平的情况，对外界刺激不敏感，难以打破沉默；而后者是指员工是出于自我保护或由于担心发表意见会产生人际隔阂而相应地保留观点，员工的应激水平高，在合适的条件下打破沉默的倾向较高。Van Dyne 等（2003）则进一步将沉默行为划分为默许性沉默（对应低激起性沉默）、防御性沉默（对应高激起性沉默）以及亲社会性沉默（基于利他或合作动机的沉默行为）。郑晓涛等（2008）则依据在中国情景下所进行的实证研究，提出中国员工沉默行为的三个维度：漠视性沉默行为（员工由于对目前的工作和组织缺乏依恋、认同不够而选择消极地保留观点），默许性沉默行为（员工认为自己无力改变现状而消极地选择顺从），防御性沉默行为（员工为了避免产生人际隔阂和他人攻击而选择自我保护）。该模型分离出的漠视性沉默行为维度是对国外现有测量模型的有益补充，更能反映中国情境中的员工沉默行为。因此，我们采用郑晓涛等（2008）提出的三个维度来对员工沉默行为进行测量。

3. 组织沉默氛围

研究者对组织沉默氛围的研究起源很早。Argyris（1977）指出，组织中存在强有力的规范和防御性准则，阻碍员工说出自己的感受和想法，在这种沉默氛围下，成员就会陷入矛盾，即大多数人明明知道事情的真相和存在的问题，却不敢向上级说出。Senge（1999）将沉默氛围定义为，在变化的环境下，组织以一种密闭的方式运作，员工都倾向于在各自的职能领域解决问题，忽视了与其他成员沟通困难的事实。结果，人们倾向于私下讨论问题，从而强化了不满意的组织氛围，但也确保私密性。Morrison 和 Milliken（2000）将沉默氛围定义为员工之间普遍分享的一种感知，即人人都认为说出组织和工作相关的问题、事宜是无效的或者危险的。当在组织环境中，人人都抱持着此种的信念时，组织中就出现了沉默氛围（climate of silence）。而当组织中充斥着这类的信念时，组织沉默（organizational silence）的现象就随之产生。根据国外对员工沉默的影响因素的研究发现，员工感知到的组织气氛在个人选择是否沉默时，扮演了关键性角色。当组织尊重员工，认真听取他们的意见，并积极鼓励员工参与管理决策时，就为员工创造了一个能畅所欲言的好氛围（Milliken & Morrison，2003）。在这样有利的环境下，员工才会发表自己的观点、意见和看法。而 Edmondson（1999）也认为，要使员工能够自由地提出自己的看法，开放自由的工作环境是必要的，当员工对环境存在着信任，便会勇于向主管提出回馈。因此，关键在于给予员工在沟通上的心理安全感。而心理安全感的建立有赖于员工在组织沟通上的氛围感受。当组织大多数员工所采取的沟通方式是保持缄默时，便意味着沉默氛围的存在。

目前，学者对上下级关系以及组织沉默氛围是如何影响员工沉默行为的研究尚有空白。因此，本研究将试图探讨在我国组织中，上下级关系与组织沉默氛围是如何影响员工展现出消极的沉默行为。组织沉默氛围作为一个组织情境变量，包括三个维度：高管对沉默的态度、上级对沉默的态度和沟通机会。其中，高管对沉默的态度是指对于员工沉默或发表意见的行为，高层管理者所表现出来的是积极还是消极的处理方式；上级对沉默的态度是指面对员工沉默或发表意见的行为，上级是鼓励还是反对；沟通机会主要是指组织沟通管道是否顺畅。作为员工沉默行为的重要影响因素，组织沉默氛围目前已经得到国外学者的一定关注。而在国内的研究中，学者较少考虑到这一情境变量的影响，这一方面的研究还有待深入。

（二）假设提出

1. 上下级关系与员工沉默行为

上下级关系的人际情感维度侧重于人际关系中的情感层面，强调员工和上级之间的彼此关怀和情感交流。上下级关系中的人际情感维度显示上下级之间的共享情感，当人际情感成分较高时，上级会考虑下级的需求并重视下级的幸福，根据社会交换理论，员工会感激于上级的支持和照顾，从而以积极的工作态度来回报上级。与此同时，由于上级是组织的代理人，员工也会回报组织更多的承诺，维护组织利益的动机更加明确，进而表现出较少的漠视沉默。

当上下级关系中的情感成分较高时，彼此就会存在较高的情感信任。即使在员工提出的建议没有达到预期的效果甚至冒犯了他人时，上级也更有可能对此行为进行积极的归因（汪林等，2010）。由此员工就会有较高的心理安全感。而心理安全感与员工发表意见的行为存在显著的正相关（梁建，2014），当员工认为他们的人际关系环境是安全的，他们更愿意打破沉默，表达工作意见，甚至对有争议的事件发表看法的可能性也会相应地增加，防御沉默的情形就会相应减少。

在情感分享程度高的上下级之间，员工和上级也会感到彼此的沟通是轻松而舒适的，他们会经常分享对工作与生活的观点、看法以及感受。当下级与上级关系亲近时，下级就可能扮演了朋友、倾诉对象等重要角色，而这些非正式角色有助于缓解上级的权威。这样员工就会觉得自己是上级工作生活中重要的一部分，自己的看法和意见是有影响力的，进而保持默许沉默的情形就会相对减少。此外，李超平等从社会交换视角证实了领导成员交换对默许沉默有显著的负向影响。

因此，提出以下假设：

假设 1：上下级关系中的人际情感维度对漠视沉默、防御沉默和默许沉默均会产生负向影响。

上下级关系的利益关系维度侧重于人际关系中的工具层面，员工在表达个人观点时不仅要考虑事情本身是否应该去做，还要考虑所带来的利益结果。出于利益得失的考虑，在许多情况下员工可能会选择保持沉默。

上下级关系中的利益关系成分会使员工关注自己的目标与利益得失，并会清楚分析并计算与上级的交换内容。下级“在商言商”，会将精力与时间致力于上级的工具性要求上，做好角色内的工作行为，而无意对上级表现出角色外的行为，如主动配合上级更多要求、向上级提供更多的信息，等等。当员工感知到自己的意见并不能轻易改变上级的看法时，即使该想法对上级、对组织有利，关系的利益成分很可能会抑制他们付出额外的努力来说服上级。因此，上下级关系的利益关系成分会使员工在清楚计算自己利益的同时，漠视组织的利益，进而表现出更多的漠视沉默。

打破沉默并说出自己的想法和意见等，是一种角色外的风险行为，员工普遍会考虑收益与成本，因此是一个有意识的决策过程。打破防御性沉默意味着员工为了组织利益，而愿意冒着破坏与上级关系的风险来提出建议；而打破默许性沉默则意味着员工在明知道自己的意见效用不大的情况下，还试图去挑战上级的权威。这些对于员工而言都具有很大的风险，会威胁到员工的自身利益。在中国文化情境中重视关系取向和权威取向，前者强调关系的和谐，后者重视、崇拜及依赖权威，这就意味着打破防御性沉默和默许性沉默都具有很大的风险。而在工具性关系中，个人会依据客观标准，做出对自己较为有利的决策，获得个体所期望的目标。因此，出于利益关系的考虑，个体会仔细权衡利弊，冒险行为的可能性会降低，继续保持防御沉默和默许沉默的情形会增加。

因此，提出以下假设：

假设 2：上下级关系中的利益关系维度对漠视沉默、防御沉默和默许沉默均会产生正向影响。

上下级关系的角色义务成分侧重于人际关系中的义务层面，员工在表达个人观点时不仅要考虑事情本身是否应该去做，还要考虑自身的行为是否符合自己的角色身份。出于上下级身份有别的顾忌，在很多情况下员工可能并不会积极地提出自己的看法，而是选择保持沉默。

在上下级关系的互动中，与员工角色义务相伴随的是基于下级身份的“应有之情”，与在社会互动中产生的“真有之情”不同，它可以保护关系不破裂，但不会增进关系的深度。出于上下级关系的角色义务成分，上下级之间平等坦诚的沟通相对西方较少，仅仅维持表面的和顺关系。在这种情境下，员工与上级之间都存在一定的心理距离，从而会影响员工对上级的心理依附程度，下属也难以对上级所代表的组织产生较高的亲密感。在这种亲密感较低的情境下，员工更可能漠视组织的利益和需要，对组织和工作中存在的问题保持沉默，即表现出更多的漠视沉默。

上下级关系的角色义务成分强调个体与上级之间的关系具有明确的上下等级。从角色规范与角色期待的角度而言，上下级是一组上下互补的社会位置，双方的互动模式不仅受到个人角色期待的影响，亦会被镶嵌在特定文化下的角色规范所影响。我国的儒家思想重视"伦理为纲"和"尊卑有序"，即强调权力不平等和相应的行为准则。受中国文化下角色规范的束缚和影响，下级会表示出对权威的遵从，如当员工与上级有异议时，愿意支持上级的决定，放弃自己的观点和意见。而这样一种消极的顺从态度就会导致员工的默许沉默。此外，在"权威导向"的中国情境中，出于角色规范的压力，组织中的员工普遍对权力和等级十分敏感。假如下属显示出超越上级的才华或美德，那将造成对上级权威的潜在威胁。因此，员工即使有好的意见与看法时，也会担心说出来的观点威胁到上级地位或声誉等，从而表现出更多的防御沉默。

因此，提出以下假设：

假设3：上下级关系中的角色义务维度对漠视沉默、防御沉默和默许沉默均产生正向影响。

2. 组织沉默氛围的调节作用

组织沉默氛围属于组织氛围的一种，强调组织成员对于其所处组织环境的一种认知诠释。工作场所的感知对员工的态度和行为有重要的影响。个人对环境的判断受知觉的影响大于受客观事实的影响（Vakola & Bouradas，2005）。如组织内部弥漫着沉默氛围，员工会由于所知觉到的上级管理方式和上级对其反馈的负面态度，而感到上级对其回馈的不友善。这种沟通的知觉将在反复的沟通经验中获得强化，员工基于每一次与上级沟通互动的结果，最后选择与主管合适的沟通方式。在沉默氛围下的组织环境中，员工之间普遍拥有一种感知，即认为说出与组织、工作相关的问题是无效的或者危险的。沉默氛围下的组织环境向员工传达了保持沉默的信息，出于这种规范和准则的压力，对于组织中存在的问题采取漠视的态度、避免发表无效的意见和过激的言论成为员工在沉默氛围较高的组织中生存和发展的手段。

因此，高沉默氛围下，高管和上级对沉默的态度，以及组织的沟通机会等，都将导致员工在面对上级时，会因为“提出想法没有用”的信念和“可能会被上级反驳”的担忧，而抑制给予回馈的意愿（Milliken，Morrison & Hewlin，2003）。本研究认为，在高组织沉默氛围下，打破沉默的风险增加，人际情感对沉默的负向作用被削弱，利益关系成分与角色义务成分都会使得员工表现出更多沉默，从而强化组织中的沉默行为。

由此，提出以下假设：

假设 4：组织沉默氛围对漠视沉默、防御沉默和默许沉默均产生正向影响。

工作场所的感知对员工的态度和行为有重要的影响。个人对环境的判断受知觉的影响大于受客观事实的影响。当组织内部沉默氛围较低时，员工可以真实全面地感受到上下级互动中的各种信息。当组织内部弥漫着沉默氛围时，员工对上下级互动过程中的负面信息会更敏感，更容易捕捉到上级对其意见的负面态度，而感到上级对员工的意见给予不友善的回馈。这种沟通的知觉将在反复的沟通经验中获得强化，员工基于每一次与上级沟通互动的结果，最终选择适合的沟通方式。在高沉默氛围下，高管、上级对员工建议采取的负面态度以及组织中不顺畅的沟通渠道等都将使员工在考虑上下级关系的基础上，增加了“提出想法没有用”的信念和“可能会被反驳”的担忧，从而抑制了给予反馈意见的意愿。因此，在组织沉默氛围较高的情况下，打破沉默的风险增加，人际情感成分对沉默行为的负向作用被削弱，利益关系成分与角色义务成分都会使得员工表现出更多的沉默行为。

因此，提出以下假设：

假设 5：组织沉默氛围对人际情感与员工沉默行为之间的关系起负向调节作用。具体而言，当组织沉默氛围高时，人际情感对员工漠视沉默、防御沉默、默许沉默的负向影响较弱，反之亦然。

假设 6：组织沉默氛围对利益关系与员工沉默行为之间的关系起正向调节作用。具体而言，当组织沉默氛围高时，利益关系对员工漠视沉默、防御沉默、默许沉默的负向影响较强，反之亦然。

假设 7：组织沉默氛围对角色义务与员工沉默行为之间的关系起正向调节作用。具体而言，当组织沉默氛围高时，角色义务对员工漠视沉默、防御沉默、默许沉默的负向影响较强，反之亦然。

本研究的理论模型如图 5-1 所示。

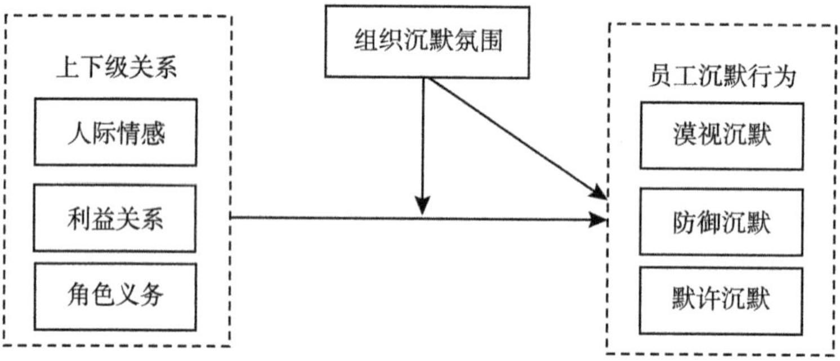

图 5-1　理论模型

第二节　研 究 设 计

一、研究样本

在本次研究的调查中，样本来自于湖北、广东、广西、湖南、江苏、山东、河南、浙江等 25 个省份，所调研的企业广泛涉及国企、事业单位、民营、外资等类型。所有问卷均由员工填写，并告知被试“调查以匿名方式进行”、“数据仅作学术研究使用”、“所有资料将严格保密”等（具体问卷见附录Ⅱ）。

本研究在正式调查中共发放问卷 550 份，实际回收 489 份，问卷回收率为 88.9%。回收后，剔除 28 份不符合要求的问卷，最终正式调查共得到有效问卷 461 份。有效样本的员工特征如表 5-1 所示。

表 5-1 **样本员工的人口统计特征（$N=461$）**

员工特征	类　别	数量/人	比例/%
性别	男	242	52.4%
	女	219	47.6%
年龄	25 岁及以下	219	47.6%
	26~35 岁	213	44.1%
	36~45 岁	15	3.2%
	46 岁及以上	14	3.1%
学历	高中/中专/职专及以下	22	4.8%
	大专	51	11.1%
	本科	280	60.9%
	研究生及以上	108	23.2%
职位	普通员工	298	64.6%
	基层管理者	140	30.3%
	中层管理者	20	4.4%
	高层管理者	3	0.7%

二、测量工具

本研究的问卷采用自评的方式，所有测试题目均由被访者自己填写。本问卷的内容主要包括三个部分，分别为：卷首语、个人基本信息和问卷的主体部分。其中卷首语主要是介绍本次问卷调查的目的；个人基本信息包括被访者的性别、年龄、学历、工作年限、职务、所在部门的规模、所在单位的性质以及所在单位的规模；问卷的主体部分是分别测量本土上下级关系、员工沉默行为和组织沉默氛围的题项。

（一）上下级关系

该变量的测量采用中国台湾学者姜定宇（2005）开发的中国情形下的上下级关系量表，共15个题项。该量表包括3个维度：首先是人际情感，有5个题项，如“我与上级分享彼此的想法与感受”；其次是利益成分，有5个题项，如“我与上级的关系是一种利益交换关系”；最后是角色义务，有5个题项，如“我与上级的关系符合上下有别的原则，做下级的应该听命于上级”。量表的整体 Cronbach's α 值为0.843。

（二）员工沉默行为

该变量的测量采用中国学者郑晓涛等（2008）开发的中国情形下的员工沉默行为量表。该量表为国内量表，具有很好的信效度。该量表包括3个维度：第一是默许沉默，如“我的建议不会影响现行的状况”；第二是防御沉默，如“我和大家关系都不错，碍于面子，还是不要提意见”；第三是漠视沉默，如“我对企业的事情不关心，无所谓”。每个维度各4个题项，共12个题项。量表的整体 Cronbach's α 值为0.823。

（三）组织沉默氛围

该变量的测量采用 VAKOLA（2005）开发的“组织沉默氛围”量表，共15个题项。该量表包括3个维度：第一是高管对沉默的态度，有5个题项，如“如果我对组织事务表示出有异议，我会被组织高管认为是麻烦制造者”；第二是上级对沉默的态度，有5个题项，如“我认为我的上级将他人的异议或不同意视为有用的信息”；第三是组织沟通机会，有5个题项，如“我认为组织内部员工能够系统、有组织地与他人交流、分享知识与经验”。量表的整体 Cronbach's α 值为0.756。

在本研究中选择4个组织行为学中常见的人口统计学变量——性别、年龄、学历、职位来作为控制变量。以往的研究指出这些变量对组织行为和员工心理反应可能会产生影响（吴宗佑，2008）。除控制变量外，变量的测量均采用 Likert 6 点计分，从 1~6 表示“非常不同意”到“非常同意”。

第三节 数据分析结果

一、量表效度检验

采用验证性因子分析分别考察上下级关系、员工沉默行为、组织沉默氛围的结构效度，采用χ^2/df、RMSAE、CFI、NFI 等拟合指标分别比较各变量的一维度模型和多维度模型，以及三个量表整合在一起的结构效度（见表 5-2）。从表 5-2 可以看出，各量表三维模型和整体量表九维模型的拟合度均达到了标准，即 RMSAE 低于 0.08，CFI、NFI 高于 0.90，χ^2/df 小于 3，而各量表一维模型和整体量表三维模型的拟合指标则未达到标准，从而验证了各量表的三维结构，表明测量具有较高的结构效度。

表 5-2 **各量表验证性因子分析结果**

	Model	χ^2	df	χ^2/df	NFI	CFI	RMSEA
员工沉默行为	一维模型	392.435	54	7.267	0.772	0.795	0.152
	三维模型	136.598	51	2.678	0.921	0.948	0.079
本土上下级关系量表	一维模型	763.877	77	9.920	0.430	0.450	0.182
	三维模型	180.889	74	2.444	0.865	0.914	0.073
组织沉默氛围量表	一维模型	721.334	54	13.258	0.662	0.638	0.214
	三维模型	115.092	51	2.257	0.940	0.965	0.068

续表

	Model	χ^2	df	χ^2/df	NFI	CFI	RMSEA
员工沉默行为、上下级关系、组织沉默氛围	九维模型	165.925	24	2.914	0.904	0.907	0.088

二、同源方差检验

由于本研究的问卷调查都来自同一个被调查者，可能会产生同源偏差，因此，需要从程序和统计方法上进行了共同方法偏差的控制和检验。在程序控制方面，问卷测量中的语句有的为正向，有的则为反向。在统计方法检验方面，采用 Harman 单因子检验法，将变量的所有题项进行检验，未旋转时得到的主成份比例占的百分比25.74%，说明不存在明显的同源偏差。

三、描述性统计分析

本研究各变量的均值、标准差和相关系数矩阵如表 5-3 所示。

人际情感与漠视沉默（$r=-0.149$，$P<0.05$）、防御沉默（$r=-0.128$，$P<0.05$）显著负相关，而与员工沉默行为的另外一个维度——默许沉默（$r=-0.088$，$P>0.05$）的相关系数未达到显著水平。因此，假设 1 中关于人际情感对默许沉默的效应要进一步通过回归分析来进行验证。

利益关系与漠视沉默（$r=0.501$，$P<0.01$）、防御沉默（$r=0.453$，$P<0.01$）、默许沉默（$r=0.463$，$P<0.01$）均呈现显著的正相关。因此，假设 2 得到了初步验证。

角色义务与防御沉默（$r=0.221$，$P<0.01$）显著正相关，而与员工沉默行为的另外两个维度——漠视沉默（$r=0.080$，$P>0.05$）、默许沉默（$r=0.119$，$P>0.05$）的相关系数未达到显著水平。因此，假设 3 中关于角色义务对漠视沉默、默许沉默的效应要进一步通过回归分析来进行验证。

组织沉默氛围与漠视沉默（$r=0.340$，$P<0.01$）、防御沉默（$r=0.343$，$P<0.01$）、默许沉默（$r=0.349$，$P<0.01$）均呈现显著的正相关。因此，假设4得到了初步的验证。

四、研究假设的检验与分析

（一）回归分析

对上下级关系、组织沉默氛围、员工沉默行为进行层级回归分析。为减少交互项与自变量的共线性问题，在回归分析前将变量进行中心化处理。

从表5-4的回归分析可以看出，人际情感对漠视沉默、防御沉默和默许沉默均没有显著的影响作用。由此，假设1未得到支持。在本研究中，上下级关系中的人际情感维度的含义与西方理论中的人际情感交换类似，回归分析的结果表明人际情感对员工沉默行为的预测效用是不显著。本研究之所以与预期不一致，可能有以下两方面的原因：一方面，从社会交换来看，员工基于与上级的人际情感而进行的回报可能会体现在私人方面，而未必会溢出到组织。在上下级关系中，下属回报的对象是上级而不是组织，员工与上级关系好，也未必会参与管理。上下级情感溢出效应对员工工作态度、行为的影响，会受到工作满意度等其他因素的中介作用。另一方面，文化在上下级关系对员工沉默行为的影响作用中可能发挥重要的角色。虽然西方的研究表明冲突避免不是解决问题最有效的方式，但在集体主义导向的中国社会中，在很多情况下，冲突避免是有效、合适的。冲突避免也许是为了维护良好关系，支持双方共同的目标。在双方关系良好的情况下，避免冲突反而会比直面冲突对双方关系更有利。综上所述，在高"人际和谐"的中国社会中，人际情感可能在某种程度上反而促使下级更在意维护与上级的人情，更有可能采取其他的迂回方式来解决问题，才使得本研究中没有观测到人际情感同员工沉默行为各维度之间的显著负相关关系。

表 5-3　　各变量的均值、标准差和相关系数

变量	均值	标准差	1	2	3	4	5	6	7	8	9	10
1. 性别	1. 476	0. 500										
2. 年龄	1. 557	0. 561	−0. 130 *									
3. 学历	3. 026	0. 732	0. 067	0. 046								
4. 职位	1. 413	0. 614	−0. 173 **	0. 243 **	−0. 024							
5. 人际情感	3. 527	1. 003	−0. 022	−0. 062	−0. 090	0. 052						
6. 利益关系	3. 128	0. 989	0. 023	−0. 095	−0. 023	−0. 151 *	−0. 163 **	—				
7. 角色义务	3. 702	0. 909	−0. 049	0. 098	−0. 018	0. 117 *	0. 160 **	0. 237 **	—			
8. 组织沉默氛围	3. 092	0. 788	0. 002	0. 009	0. 008	−0. 098	−0. 339 **	0. 264 **	−0. 167 **			
9. 漠视沉默	2. 900	1. 029	−0. 026	−0. 048	0. 046	−0. 238 **	−0. 149 *	0. 501 **	0. 080	0. 340 **		
10. 防御沉默	3. 589	0. 990	−0. 003	−0. 051	0. 118	−0. 222 **	−0. 128 *	0. 453 **	0. 221 **	0. 343 **	0. 629 **	
11. 默许沉默	3. 596	0. 944	0. 121 *	−0. 087	0. 010	−0. 310 **	−0. 088	0. 463 **	0. 119	0. 349 **	0. 524 **	0. 610 **

注：* 表示 $P<0.05$；** 表示 $P<0.01$；*** 表示 $P<0.001$。

表 5-4

层级回归结果

变量模型		漠视沉默					防御沉默					默许沉默				
		模型 1	模型 2	模型 3	模型 4	模型 5	模型 1	模型 2	模型 3	模型 4	模型 5	模型 1	模型 2	模型 3	模型 4	模型 5
控制变量	性别	-0.072	-0.066	-0.064	-0.064	-0.067	-0.051	-0.041	-0.041	-0.039	-0.041	0.069	0.078	0.075	0.079	0.075
	年龄	0.001	0.017	0.016	0.017	0.019	-0.008	-0.014	-0.014	-0.014	-0.013	-0.006	0.002	0.005	0.002	0.002
	学历	0.045	0.054	0.054	0.056	0.053	0.117	0.126*	0.126*	0.127*	0.125*	-0.002	0.012	0.012	0.013	0.012
	职位	-0.250**	-0.172**	-0.172**	-0.168**	-0.167**	-0.226**	-0.175**	-0.175**	-0.172**	-0.172**	-0.297**	-0.235**	-0.236**	-0.231**	-0.236**
主效应	人际情感		0.000	-0.001	0.000	-0.004		0.000	0.000	0.000	-0.003		0.057	0.059	0.057	0.059
	利益关系		0.414**	0.414**	0.397**	0.418**		0.302**	0.302**	0.291**	0.305**		0.338**	0.338**	0.323**	0.337**
	角色义务		0.034	0.036	0.028	0.033		0.219**	0.219**	0.215**	0.218**		0.106	0.103	0.101	0.107
	组织沉默氛围		0.219**	0.219**	0.214**	0.221**		0.282**	0.282**	0.279**	0.283**		0.273**	0.273**	0.269**	0.273**
调节效应	人际情感×组织沉默氛围			-0.019					0.005					0.036		
	利益关系×组织沉默氛围				0.135**					0.089					0.116*	
	角色义务×组织沉默氛围					0.061					0.038					-0.018
F		4.497**	16.073**	14.256**	15.409**	14.467**	4.587**	16.621**	14.719**	15.229**	14.813**	7.460**	16.968**	15.111**	15.021**	15.406**
R^2		0.063	0.329	0.330	0.347	0.333	0.065	0.337	0.337	0.344	0.338	0.101	0.341	0.343	0.354	0.342
ΔR^2		0.063	0.266	0.001	0.018	0.004	0.065	0.272	0.000	0.007	0.001	0.101	0.240	0.002	0.013	0.001

注：* 表示 $P<0.05$；** 表示 $P<0.01$；*** 表示 $P<0.001$。

利益关系对员工漠视沉默（$\beta=0.414$，$P<0.01$）、防御沉默（$\beta=0.302$，$P<0.01$）和默许沉默（$\beta=0.338$，$P<0.01$）均有显著的正向影响。由此，假设 2 得到了支持。

角色义务仅对员工防御沉默有显著的正向影响（$\beta=0.219$，$P<0.01$），对漠视沉默和默许沉默则无显著的影响作用。由此，假设 3 部分得到了支持。本研究之所以与预期不一致，可能存在以下原因：一方面，在中国的上下级关系中，角色义务成分在强调上下有别的同时也强调上级对下级忠诚的期望。虽然角色义务成分使员工与上级之间存在一定的心理距离从而会影响员工对上级所代表组织的亲密感，但同时也会使员工在角色规范的约束下注重自己对上级和组织的忠诚度，而忠诚度在一定程度上可能会减弱员工的漠视沉默，从而导致角色义务对漠视沉默没有显著的正向影响作用。另一方面，中国情境下的角色义务强调“尊卑有序，伦理为纲”，在此基础上形成了明确的行为准则，员工对权威的顺从使其对打破权威导向行为准则感到担忧，因此在大多数情况下，角色义务使员工出于自我保护而不是出于认为自己的建议没有作用或不能改变现状从而表现出沉默行为，正因如此，导致角色义务更多地影响防御沉默，而对默许沉默的影响作用有限。

组织沉默氛围对漠视沉默（$\beta=0.219$，$P<0.01$）、防御沉默（$\beta=0.282$，$P<0.01$）和默许沉默（$\beta=0.273$，$P<0.01$）均有显著的正向影响。由此，假设 4 得到了支持。

（二）调节效应分析

关于组织沉默氛围的调节效应，由表5-4 可知，组织沉默氛围对人际情感和漠视沉默、防御沉默、默许沉默之间关系的调节效应未达到显著性水平，对角色义务和漠视沉默、防御沉默、默许沉默之间关系的调节效应也未达到显著性水平。由此，假设 5 和假设 7 未得到支持。而组织沉默氛围对利益关系对漠视沉默（$\beta=0.135$，$P<0.01$）、防御沉默、默许沉默（$\beta=0.116$，$P<0.05$）之间的关系具有显著的调节效应。为清晰表达组织沉默氛围的调节效应，本研究描绘了调节效应示意图（见图 5-2 和图 5-3）。由图 5-2 和图5-3可以看出，组织沉默氛围越高，利益关系对员工漠视沉默、默许沉默的正

向影响就越强；组织沉默氛围越低，利益关系对员工漠视沉默、默许沉默的正向影响就越弱。由此，假设 6 得到了部分支持。

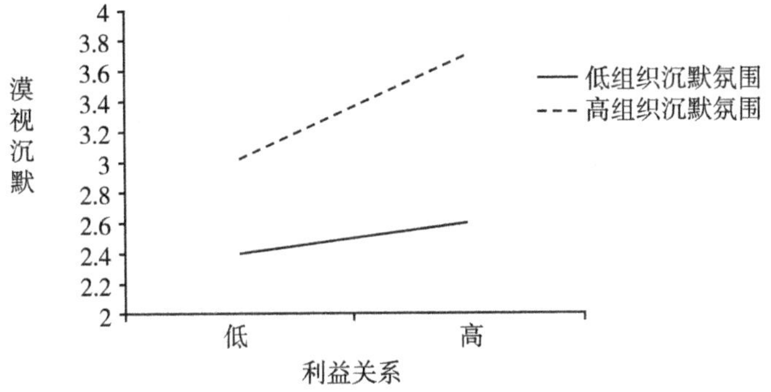

图 5-2　组织沉默氛围对利益关系与漠视沉默之间关系的调节效应

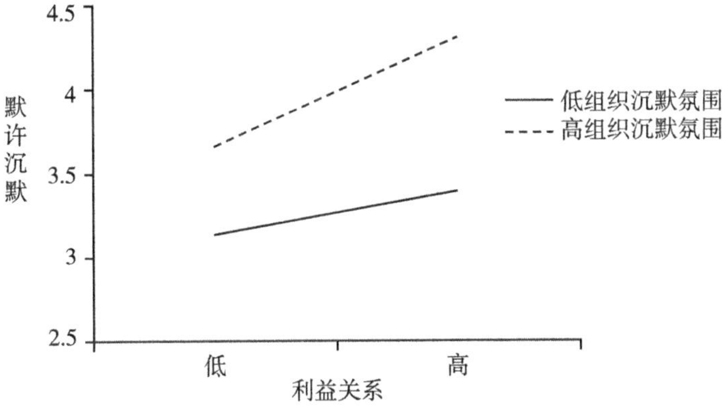

图 5-3　组织沉默氛围对利益关系与默许沉默之间关系的调节效应

第四节　研究结论与管理启示

一、研究结论

本研究得到以下结论：①基于中国文化情境下的本土上下级关

系对员工沉默行为有显著的预测作用。其中，利益关系对漠视沉默、防御沉默和默许沉默3个维度均有显著的正向影响；角色义务对防御沉默有显著的负向影响；人际情感对员工沉默行为各维度的影响作用不显著。②组织沉默氛围对漠视沉默、防御沉默和默许沉默3个维度均有显著的正向影响。③对利益关系与漠视沉默、默许沉默之间的关系，组织沉默氛围具有一定的正向调节作用。具体而言，组织沉默氛围越高，利益关系对漠视沉默、默许沉默的正向影响就越强；组织沉默氛围越低，利益关系对漠视沉默、默许沉默的正向影响就越弱。

二、管理启示

在日趋激烈的市场竞争中，企业要想立于不败之地，需要依靠所有员工的智慧，然而在现实的中国企业中，许多员工仍然秉承“沉默是金”的金科玉律，不愿意对组织和工作发表个人意见，甚至发现潜在的问题也有意识地保持沉默。鉴于此，企业需要采取有力措施打破员工沉默行为，减少甚至排除企业中容易造成员工沉默的因素。

（一）上下级之间建立积极的交换关系

通过实证研究的结论可知，上下级关系中的人际情感成分对减少员工沉默行为具有一定作用。建议在企业实践中，采取措施加强上下级之间的情感交流和沟通。例如，在招聘环节，就要注重上下级之间的匹配；企业应积极组织相关活动，加强领导和成员间的情感交流和沟通。在平时的工作中，管理者多多通过与员工恳谈，倾心交流等方式，增进上下级相互了解。从而激发员工内在潜力，在工作中尽其所能贡献。

（二）构建激励机制，引导员工勇于打破沉默

值得注意的是，中国情境下人际情感对减少员工沉默行为的影响作用有限。上下级关系中的利益关系成分会使得员工更多站在个人立场表现出沉默行为，如担心说出个人的看法会损害自身

利益。角色义务成分会使员工顾忌上下级身份的差异，对权力和等级较为敏感，怕说出自己的想法会威胁到上级。因此，在建立上下级情感关系的同时，要重视利益关系和角色义务对员工沉默行为的影响力。要使员工勇于打破沉默，企业至少需要从两方面着手：首先，优化员工合理化建议制度，可由专门的审核单位评估员工建议，并通过公司内刊、网站、会议等渠道公示，以这样一种公开、透明的方式，增加员工进谏有效感和正面预期，使员工获得一定的心理安全。其次，应该建立奖励机制。动机理论表明，要使得个体在有风险的情况下自觉地做事，需要足够的激励。企业可以对提出高质量意见的员工给予更多的晋升机会；采用合理化建议评价的方式，对好的建议给予重奖等。通过一系列精神与物质的激励，激发员工进谏的积极性。此外，企业可采取合理的管理方式，例如对主动征求员工建议的管理者提供奖励，从而激发企业管理者听取员工意见，并及时传递员工建议的积极性。也使得员工有更多的心理安全。

（三）在组织中塑造积极进谏的氛围

为了使员工能感受到组织需要他们的建议，组织需要打破沉默氛围，从多个方面着手管理以塑造积极的氛围。一是完善沟通机制。这不仅意味着在决策前员工能发表意见，还包括在决策后员工还可以对现有决策提出异议。此外，组织还应充分利用现代网络技术带来的便捷，建立非正式沟通机制，如组织内部的聊天群、论坛等，在匿名的环境下有效减少员工对打破沉默的种种顾忌，从而了解员工真实的心声。二是开展文化培训，包括对管理者的培训和普通员工的培训。针对管理者的培训，主要是帮助管理者树立先进的管理理念，摒弃“认为只有自己才最了解状况”、“下级不值得信任”、“意见一致最重要”等错误的信念，认识到下级的建议和反馈对组织学习的重要性。而对于普通员工的培训，则是向他们传达“组织需要员工提供建议”这一信号，提高员工的积极主动性，从而有效地打破组织沉默氛围。

第五节　研究不足与展望

一、研究不足

本研究立足于中国情境中的上下级关系，探索不同的关系成分对员工沉默行为的影响，并检验组织沉默氛围的调节效应。本研究主要关注的是沉默行为的负面作用，但沉默行为不仅仅具有负面作用，员工也可能会表现出具有正面效应的亲社会性沉默，在未来的研究中，可以同时考虑具有负面与正面效应的沉默行为。

本研究从最初选题、研究变量的选择、问卷调查及数据分析及管理对策的提出，都做了大量的准备。力求做到内容充实、数据真实、语言精准，但是由于经验和能力等方面的不足，以及实际调查操作的限制，仍存在以下一些研究不足：

（一）研究对象的局限性

尽管本研究所使用的问卷为 271 份，已经达到定量研究的样本数量要求，但本研究的调查对象仍然不够全面。从样本的年龄分布上看，25 岁以下的员工占据调查样本的比例达到 47.6%，青年员工占据的比例过大，使得调查样本过于集中；本研究的群体大多数参加工作年限较短，3 年以下工作经验的占 82.7%，并且大多是普通员工岗位，达到 64.6%。随后在研究中发现，样本限制使得变量数据较为集中，对研究结果造成一定的干扰。虽然在研究中已将人口统计变量作为控制变量进行了干预，但变量数据的集中造成某些研究假设无法得到验证，并限制了研究结论的可推广性。因此，未来研究需要进一步扩大样本量，得出更符合实际情况的结论。

（二）数据收集方法的局限性

由于对上下级关系、员工沉默行为，以及组织沉默氛围的评价都是采用自评的方式，且有一部分问卷是通过网络的方式发送出去和回收的，没有现场的指导。因此，这样必然存在同源偏差和被试自评过高和过低的问题，对问卷数据的可信度也造成影响。所以未来的研究需要较好的设计，采用多渠道、多手段的搜集信息的方式，尽量避免单一方法变异的危险，建议可采用问卷和访谈相结合的方法。

（三）问卷的适用性

组织沉默氛围量表是由西方量表直接翻译过来，那么，该量表是否在中国背景下对我国企业员工具有普适性，本研究没有做讨论，这还值得做进一步的研究。此外，本研究问卷题目较多，受试者在填写问卷的过程中可能会产生厌烦心理，或多或少会影响到测量结果的准确性。

（四）数据的真实性

本研究所涉及的上下级关系和沉默行为均具有一定敏感性。即使为了避免敏感性，所有问卷均是由被试以匿名的方式在网上填写，不排除部分答卷人员对某些问题采取了不真实作答，或社会称许性作答等，因此本文研究结论可能会存在一定失真。

（五）研究变量单一化

本研究探讨了人口统计学变量、本土上下级关系及其三个维度、组织沉默氛围对员工沉默行为及其三个维度的影响，在现实情境中，有诸多因素会影响员工沉默行为，因此本研究所得出的结论在实际的应用领域可能会受到限制。

二、未来展望

总体来说，虽然本书提出的理论研究模型和实证分析过程尚显粗糙，但在目前国内上下级关系和员工沉默行为的理论研究不够清晰，以及企业管理中员工沉默行为普遍的情况下，它迈进了一小步。未来的研究除了可以从以上几点不足以及本书理论模型的完善方面加以弥补外，还可以在本研究的基础上寻求其他相关领域的深入研究，具体阐述如下：

（一）针对不同动机的员工沉默行为开展细化研究

本研究采纳郑晓涛等（2008）基于员工动机提出的沉默行为三维模型。已有研究者指出，不同动机的沉默行为，具有不同本质，其前因也会有差异。然而，作者在此次研究中，却没能区分不同动机的沉默行为并进行验证。实际上，本研究发现，人际情感这一维度仅对防御沉默有显著影响，而对其他类型的沉默影响不显著。鉴于当前的沉默理论研究还不成熟，本书无法针对具体动机的沉默行为给出详尽解释。而另一方面，研究者也认识到，沉默不仅仅是具有负面作用，员工也会表现出具有正面效应的亲社会性沉默。基于这一动机的沉默行为同样需要研究者进行探究，而本研究没有关注此方面。因此，建议未来的研究需要对不同动机的沉默行为独立探索影响因素，并同时关注到负面与正面的沉默行为。未来的研究，要注重对员工不同动机下沉默行为影响因素的探索，丰富员工沉默行为理论的同时，为企业管理实践提供更多的指导。同时，在选取样本时，选择某一特定的行业特点或者岗位性质来研究员工沉默行为，可能更具有实践意义。

（二）加强员工沉默行为的本土化研究

根据以往的研究，由于长期以来关系本位思想的影响，中国传统的文化价值取向对于人们深层次的行为有很大的影响，而文化如何影响了上下级关系和员工沉默行为之间的关系有待进一步的探究。目前，关于我国文化情境下员工沉默行为的整合研究相对鲜见。因此，本书试图通过本土上下级关系这一构念，来探究在我国情形下，上下级关系这一影响因素对员工沉默的影响。在本研究中，人际情感并未对员工沉默行为造成显著的正面影响，这与前人基于西方理论的研究结论存在不一致，这种不一致可能来源于我国文化中冲突避免的倾向。然而，本研究没能在研究模型中结合文化价值观、严格地阐述中国文化背景在上下级关系影响员工沉默行为的过程中的发挥的作用，原因在于作者的理论水平和研究能力的有限。如果结合中国文化，将研究对象聚焦在人情、面子等方面，可能存在实证的困难。因此，未来关于中国文化背景下员工沉默的研究还需要更好的设计，理论推导和实证研究相结合，对员工的沉默行为进行更符合我国文化背景的解释，从而通过研究的本土化来推动国内沉默领域研究的发展。

（三）需进一步探索本土上下级关系影响员工沉默行为的作用机制

尽管本研究利用了多元回归分析了上下级关系的各维度和员工沉默行为各维度之间的具体关系，但这些研究仅建立在理论的推演上，还需要实证研究的支持。未来的研究可以进一步从理论和实证上探讨更多的中介机制，例如员工的心理安全、社会支持、信任等。另外，上下级关系的三个成分之间是否存在交互作用，也是未来值得探讨的问题。

（四）开展团队层次研究

本研究只是从员工个体层面来研究上下级关系、组织沉默氛围对员工沉默行为的影响，未来研究可以从团队和组织层面切入，还能将不同层面的影响同时进行考虑，从而能够更加深入全面地对员工沉默行为进行研究。

第六章　总结与展望

第一节　对于员工进谏行为的总结与展望

进谏行为是任何组织中都会出现的经常性的行为，它是随着近年来对 OCB、周边绩效等角色外行为的研究而兴起的，它的出现顺应了团队建设、知识管理和学习型组织等管理新理念的要求，同时也是研究精细化发展的结果。进谏行为有助于组织的维护和发展，这主要表现在对公正感和组织效能的影响上。中国也有句老话“兼听则明，偏信则暗”，这句话也深刻揭示了进谏行为的重要性。进谏行为这一研究领域仍然存在着相当大的发展空间。为了拓展以往的研究，本书重点探讨了员工进谏行为的影响因素以及揭示这些因素的内在机制。概括地说，本书有三个有意义的贡献：（1）对进谏行为的相关研究做了系统的回顾，概述了以往学者关于进谏的行为内涵、影响因素、作用等方面的观点，并指出了需要进一步关注的研究领域；（2）探讨了中国员工在组织内的进谏行为，并将影响员工进谏的因素归结到个体、领导和组织方面；（3）通过对员工沉默行为和进谏行为进行对比研究，深刻揭示了二者的联系与区别，有利于我们加深对进谏行为的理解。然而因为各方面的局限性，本研究仍存在诸多需要完善之处。将来的理论和实证研究有必要更宽泛地探究进谏行为的影响因素以及揭示这些因素的关键作用机制，全面地理解员工何时以及为何做出进谏选择，这将有助于组织内的管理者更有效地管理和支持这种日益重要的行为。

一、关注进谏后的动态过程

尽管现有的组织已经愈加认识到了进谏的重要性，并采取多种方式促进员工更好地进谏，但是员工进谏的实际效用取决于上级对进谏的采纳及进谏给组织带来的实际影响。如果员工进谏后并没有得到实际有效的反馈，没有受到上级的重视与积极回应，这显然会在很大程度上打击员工的进谏积极性，不愿再继续提出进谏，并且会产生自己的意见是无足轻重或者根本就是没有价值的观念，久而久之，在组织内部就会形成不愿进谏的氛围，加剧组织中闭口不言的现象。同时，进谏后如果没有得到积极反馈，员工可能会选择离职，既然自己在组织中无足轻重，领导无视员工的看法和意见，那么就没有继续留下来的必要，有些员工可能不会这么消极，但他们也会由于感受到不公正对待而采取一些不适当的做法，例如：降低努力程度，经常迟到早退，更有甚者可能会做出一些反生产行为，导致组织绩效下降，最终被管理者解雇。这就提示我们，在未来的研究中，不只是要关注进谏产生的作用机制及如何促进进谏行为，还需要关注进谏后的动态过程，探究领导对意见的采纳与否是如何影响到员工的进谏意愿的，同时还应探究如何能增强员工进谏有效性的感知，更好地为组织发展建言献策。

二、深入研究进谏行为的影响因素及结果变量

未来的研究可以采用纵向跟踪研究设计或者实验设计的方法加深对进谏行为的研究。为了帮助我们在组合情境中更好地理解权力、地位对于人际互动的影响，我们需要对地位和权力这两个因素进行操控，结合其他因素的影响，检验在哪种组合的情况下上级更加愿意采纳下属的进谏。其次，我们根据社会说服理论，关注信息的来源和信息的接收者两方面的因素对于进谏的影响，在社会说服中还有一个重要的影响因素是信息本身的特征。尽管我们没有直接针对信息特征进行研究，但我们关于促进性进谏和抑制性进谏有所差异的结果间接显示出，进谏所传达出的不同信息特征也可能影响到进谏的结果。未来研究可以对进谏本身的特征，例如是否以直接

的方式、在什么场合进行表达等，进行更加细致的研究。

首先，良好的主管-下属关系能够激发下属的进谏行为，能否类推员工之间良好的同事关系能够激发同事之间的进谏呢？如果有影响，那这种影响的内在机制是怎样的？这有待于未来的研究去分析和验证。

其次，家长式领导、主管-下属关系、进谏行为之间的关系在未来的研究中有待进一步深入分析。比如，未来的研究在个体层次可以考察下属特征的调节作用，在团队层次可以考察团队氛围的调节作用，在组织层次可以考察组织文化、管理流程的调节作用，从而更深入地揭示变量间的关系。另外，从主管家长式领导的角度切入，将主管-下属关系设定为中介变量与从下属的角度切入分析主管-下属关系有怎样的区别。

最后，关系作为中国文化的产物，有其存在的合理性甚至优越性，能够使上下级之间更温情和更人性化。在管理实践中主管如何在公平的前提下合理地运用关系，比如关系资源的分配、关系与原则的平衡等问题，以促使员工进行更有效的进谏行为，也需要通过以后的研究去挖掘和提炼。

三、选择合适的进谏方式

以往的研究更多的是关注进谏的不同维度、影响因素以及对企业或组织所带来的效果，但如何能够更好地进行进谏，怎么样能使进谏效用最大化更是我们应该深入研究的主题，韩非子的《说难》中曾对谏诤的技巧的重要性有过论述，进谏的繁简、深浅、华俗，对于自己甚至是全家人的性命都有重大影响，可见掌握进谏的方式是多么重要。苏洵的《谏论》中也谈到，进谏“顾用之术何如耳”，也就是说谏者的预期、时机以及方式方法的不同，由此带来的效果也不一样，虽然“讽谏”长期以来备受推崇，也就是“寓文辞而导意，托事类以进说”，但是这其实也是存在负面作用的，可能会出现主观意愿与客观效果背道而驰的局面。比如说在汉代，当时的官僚大臣喜欢以辞赋讽劝君主，而当时流行的赋体又过于辞藻华丽、铺张推衍，反而弱化了劝谏的作用，甚至好像司马相如的

《大人赋》一样，起到了欲讽反谀的效果，使得君主“飘飘有凌云之志”。现有的进谏研究中对这一问题的关注甚少，未来的研究可以结合以往关于进谏的情境研究结果，分析在不同的情境下什么样的进谏方式是最为有效的，或者能够达到更好的组织结果。

第二节 对于员工沉默行为的总结与展望

通过梳理员工沉默行为的含义、维度，以及前因和结果变量后发现，员工沉默行为的含义已经逐渐成熟，不管是国内的学者，还是国外的学者，对员工沉默行为的概括具有相似性，员工沉默行为具有普遍性，在任何文化下都是存在的。基于东西方文化的不同，所以，我们还是应该努力探索：在中国文化背景下，是否会有员工沉默行为的特殊之处，同时分析这些沉默行为所带来的影响，以更好地适应中国文化背景下的企业。其次，对员工沉默行为的前因和结果变量进行梳理之后，我们认为还应该考虑到更多变量带来的中介和调节效应，为企业发现问题以及解决问题提供理论基础。

一、区分不同层次沉默行为的研究

组织中的沉默行为可分为自上而下的组织沉默和自下而上的员工沉默，他们分别属于不同的研究层次，沉默行为最早是作为组织层次的构念，后来的研究中更多地偏向于员工层面的行为研究。纵观现有文献，在层次性方面，学者们对沉默行为的研究主要存在以下不足：首先，部分学者对沉默行为的层次性没有进行严格的区分，认为员工沉默和组织沉默可以互相替代；其次，部分学者虽然意识到沉默行为的层次性，认为组织沉默和员工沉默是不同层次的同质行为，即组织沉默是员工沉默的聚合结果，但也没有对这两个概念进行精确的区分；再者，由于研究的操作难易程度不同，现有文献主要研究了员工沉默的触发机制和作用机制，但并未从不同层次进行探讨。未来研究需区分不同层次的沉默行为，特别是不同层次沉默行为的概念内涵和测量工具，在此基础上比较不同层次沉默行为触发机制和影响机制的异同，加深对组织层次沉默行为的实证研究。

文献研究表明，目前关于组织沉默的研究对象大多是基层员工，但是对于组织而言，中层管理者作为基层员工和高层管理团队之间的桥梁，起着十分关键的作用。而在实际研究中，以中层管理者作为研究对象的组织沉默的研究比较少。由于中层管理者的角色和作用不同，他们在决定是否保持沉默的时候，所考虑的因素肯定是不同于基层员工所考虑的。例如，角色责任，对下属的影响等都是不同于基层员工的，目前这方面研究有待于进一步开展。

二、加强对沉默构思的研究

关于沉默的实证研究大多关注基于人际和谐的防御沉默。而现实中，沉默应是一个基于复杂动机的复杂行为（Dyne et al.，2003）。例如，员工如果知道提出观点可能意味着自身利益受损，比如需要承担更多的责任，或者需要付出更多的工作量时，也会放弃提出自己的想法，形成基于偷懒或懈怠的沉默，如果领导者强调决策已经做出，并且要求员工对此决策要坚决执行不打折扣，此时员工也会放弃提出观点，形成基于遵从的沉默，此种沉默和默许沉默比较类似。不同之处在于，默许沉默者有提出观点的机会但选择放弃，因为领导者不会采纳，而基于遵从的员工沉默者连提出观点的机会都没有。再比如，员工的观点或某些意见虽然对组织有利，能够有效地改善公司的运营，提高公司的效益，但由于这种意见的采纳也能给员工自身带来一定的利益，于是员工个人可能会担心因为提出意见被认为是谋取私利，是自私的表现而选择放弃进谏，保持沉默。形成“高尚”的沉默。此种沉默和懈怠沉默、防御沉默的不同在于，“高尚”的沉默是担心自身利益的改善，而懈怠沉默是担心自身利益受损。因此，未来的研究需要扩展沉默的构成，了解和探讨影响组织或个人绩效最密切或常见的沉默行为。

三、完善沉默行为的测量工具

以往对于沉默行为的研究所采用的方法主要是问卷与访谈的方法，而且使用的方式非常单一。即使有的研究使用了现场观察方法，但由于员工保持沉默所涉及的问题都具有一定的敏感性，观察者就很难通过观察来判断员工沉默行为的内在原因。因此，特别是在探索沉默原因的初级阶段，研究者需要考虑非传统的研究方法，如日记、个人账户以及投射技术等。而且，更重要的是研究者需要整合各种研究方法，从而能更准确地发现保持沉默的内在原因。成熟有效的测量工具是实证研究的重要基础，纵观现有文献，沉默行为的实证研究虽然相对不多，但沉默行为的测量工具颇为丰富，即使在同样文化背景下的研究，学者们对采用何种工具也尚未达成一致。在组织层次的研究中，有学者认为组织沉默即员工沉默的集合，并据此采用员工沉默量表来测量组织沉默；在个体层次的研究中，基于沉默和进谏的特殊关系，有学者认为沉默即不进谏，因此采用进谏的反向结果来测量员工沉默。通过对现有文献的梳理发现，关于沉默行为的测量分歧主要源于对沉默内涵的界定、研究层次的差异。因此，未来研究要深入探讨沉默行为的内涵与外延。不同研究层次的沉默行为具有不同的内涵，组织沉默不能简单地理解为员工沉默的集合，而应该采用独立的测量工具；而员工沉默也不能简单地理解为缺乏进谏，即亦不能简单采用进谏行为的反向量表来测量沉默行为。因此，未来研究要进一步深化对组织中沉默行为内涵、外延和动机的理论研究，开发具有良好信效度和普适性的测量工具。

四、深入研究沉默行为的影响机制与作用机制

关于沉默行为研究的一个重要问题就是认识沉默行为的影响因素。Morrision 和 Milliken（2000）以及 Milliken（2003）都提出了沉默的整合模型，不足之处在于，这些模型都只是一个理论框架，还缺乏实证的支持，在一些实证研究中，Vakola 和 Bouradas（2005）将沉默氛围（包括组织高层对沉默的态度、上级对沉默的态度和沟通机会 3 个维度）作为影响员工沉默行为的前因变量，将组织承诺和工作满意度作为员工沉默行为的结果变量，但该研究中员工沉默只是单一维度，研究者没有对员工沉默行为进行多维度的考量。郑晓涛等（2008）选择员工对上级和组织的信任作为影

响员工沉默的关键的前因变量，该研究虽然考虑到沉默的复杂构思，但不同沉默行为由于动因不同，可能影响因素并不相同，因此，每个维度的沉默都需要进行较为独立的深入研究。例如，漠视沉默是基于不满，影响漠视沉默更多的是组织的政策和领导对员工的态度；防御沉默是基于人际和谐，影响防御沉默的更多是员工对群体的承诺以及群体的凝聚力；而影响遵从沉默的更多是上级支配欲望和权威性。而且不同动因的沉默行为对组织和个体绩效的影响可能也不相同，例如，亲社会沉默可能对组织有正的影响，而漠视沉默可能就比懈怠沉默对组织的危害要大。

首先，未来研究要加强对组织中沉默行为的多层次研究，比如员工沉默对组织的影响效果，以及沉默行为对员工个人的影响效果。其次，现有文献缺乏对组织中沉默行为影响机制的深入研究，大多数学者主要研究了员工沉默对员工态度和行为的主效应，缺乏对其作用机制中调节效应和中介效应的深入研究。如 Knoll 等（2012）建议探讨机会主义沉默与员工压力、幸福感间的调节效应。此外，现有研究一致认为沉默会影响员工的工作满意度和组织绩效，但员工沉默是通过怎样的作用机制影响它们的，还需要进行进一步探究。再次，要丰富组织中沉默行为的结果变量，现有研究主要探讨了沉默行为对员工的负面影响，但沉默行为可能也存在着正面效应，未来研究应丰富沉默行为的结果变量，以全面深入地理解组织中的沉默行为。例如，员工层面的变量包括压力、工作倦怠和幸福感等，组织和部门层面的变量则是部门绩效、上级决策的质量和创新性等。最后，整合模型中还需要考虑一些重要的调节变量，例如员工的个性特质、任务的类型、沟通的技巧等，因为即便相同的动因，也会出现完全不同的沉默行为，例如，员工对组织不满、归属感较低时，既可以选择漠视沉默，也可以不需考虑人际和谐而一吐为快。再比如，有些研究认为，当群体内部凝聚力高时，员工会倾向于表达自己的观点，而另一些研究则认为，群体凝聚力越高，员工因不愿打破人际和谐而不愿提出挑战性的观点。因此，未来学者们应进一步拓展对影响员工沉默情境因素的研究，如组织文化、组织结构、领导风格等因素，此外，还需进一步研究员工沉默行为的作用机制，多层次地研究员工个体因素与情境因素对员工沉默的交互作用机制，深入揭示员工沉默的触发机制。未来的研究需要基于员工沉默原有构思的基础之上，提出一个更为系统的整合模型。

五、员工沉默行为的跨文化研究问题

研究表明文化是影响员工选择进谏还是保持沉默的重要因素。例如，在中国文化中，人情和面子是非常重要的，因此不同文化或国家的员工保持沉默的原因也是不尽相同的。这也就有必要进行员工沉默行为的跨文化研究。研究可以从两方面进行：（1）组织中员工保持沉默的原因是否因文化不同而有所差异；（2）来自不同文化背景的员工在相互作用过程中是否对沉默行为产生影响。已有研究者表明文化中的权力距离以及个人主义和集体主义等因素都会对员工沉默行为产生不同的影响。对于以后的研究而言，应当深入探究文化差异对于员工沉默行为的影响，同时还应当注意文化交融背景下如何更好地对员工进行管理，使得员工愿意为改善公司绩效，提高公司竞争力积极进谏献策，更好地促进公司发展进步。

参考文献

［1］蔡忠祥．社会认同、认知的公平性对建言行为的影响：权力距离的调节作用．中国台湾：静宜大学管理硕士在职专班，2011.

［2］陈浩．心理所有权、组织认同与组织公民行为——中国情景下的实证研究．工业工程，2012，15（2）：121-127.

［3］储小平，刘清兵．心理所有权理论对职业经理职务侵占行为的一个解释．管理世界，2005（7）：83-93.

［4］邓今朝．团队成员目标取向与建言行为的关系：一个跨层分析．南开管理评论，2010，13（5）：12-21.

［5］段锦云，陈红，孙维维，赵立．沉默：组织改变和发展的阻力．人类工效学，2007，13（2）：69-71.

［6］段锦云，凌斌．中国背景下员工建言行为结构及中庸思维对其的影响．心理学报，2011，43（10）：1185-1197.

［7］段锦云，王重鸣，钟建安．大五和组织公平感对进谏行为的影响研究．心理科学，2007，30（1）：19-22.

［8］段锦云，钟建安．组织中的进谏行为．心理科学，2005，28（1）：69-71.

［9］段锦云，钟建安．工作满意感与建言行为的关系探索：组织承诺的缓冲影响．管理工程学报，2012，26（1）：170-174.

［10］段锦云．中国背景下建言行为研究：结构、形成机制及影响．心理科学进展，2011，19（2）：185-192.

［11］樊景立，郑伯埙．华人组织的家长式领导：一项文化观点的分析．本土心理学研究，2000（13）：127-180.

［12］樊耘，马贵梅，颜静．社会交换关系对建言行为的影响——

基于多对象视角的分析．管理评论，2014，26（12）：68-77.
[13] 傅强，段锦云，田晓明．员工建言行为的情绪机制：一个新的探索视角．心理科学进展，2012，20（2）：274-282.
[14] 高晶晶．中国情境下组织中员工的上谏意愿影响机制研究．杭州：浙江大学管理学院，2011.
[15] 何轩．互动公平真的就能治疗沉默病吗？——以中庸思维作为调节变量的本土实证研究．管理世界，2009（4）：128-134.
[16] 何轩．为何员工知而不言——员工沉默行为的本土化实证研究．南开管理评论，2010，13（3）：45-52.
[17] 姜定宇．华人部属与主管关系、主管忠诚及其后续结果：一项两阶段研究．台湾大学，2005.
[18] 乐嘉昂，彭正龙，高源．职场排斥与强制性公民行为影响机制研究．华东经济管理，2013（2）：106-111.
[19] 李超平，鲍春梅．社会交换视角下的组织沉默形成机制：信任的中介作用．管理学报，2011，8（5）：676-682.
[20] 李超平，时勘．分配公平与程序公平对工作倦怠的影响．心理学报，2003，35（5）：677-684.
[21] 李超平，时勘．变革型领导的结构与测量．心理学报，2005，37（6）：803-811.
[22] 李锐，凌文辁，柳士顺．传统价值观、上下属关系与员工沉默行为——一项本土文化情境下的实证探索．管理世界，2012（3）：127-140.
[23] 李锐，凌文辁，柳士顺．组织心理所有权的前因与后果：基于“人-境互动”的视角．心理学报，2012，44（9）：1202-1216.
[24] 李万明，鲁春洋，程豹．魅力型领导与员工建言行为的关系：领导-成员交换的中介作用．领导科学，2016（8）：30-33.
[25] 李燕萍，刘宗华，郑馨怡．组织认同对建言的影响：基于组织的自尊和工作价值观的作用．商业经济与管理，2016（3）：46-55.
[26] 梁建，唐京．员工合理化建议的多层次分析：来自本土连锁

超市的证据．南开管理评论，2009，12（3）：125-134.
［27］梁建．道德领导与员工建言：一个调节-中介模型的构建与检验．心理学报，2014，46（2）：252-264.
［28］凌斌，段锦云，朱月龙．工作场所中的心理安全：概念构思、影响因素和结果．心理科学进展，2010，18（10）：1580-1589.
［29］凌文辁，张治灿，方俐洛．中国职工组织承诺的结构模型研究．管理科学学报，2000，3（2）：77-81.
［30］刘善仕，凌文辁．家长式领导与员工价值取向关系的实证研究．心理科学，2004，27（3）：674-676.
［31］刘文彬．组织伦理气氛与员工越轨行为间关系的理论与实证研究．厦门：厦门大学，2009.
［32］钱小军，詹晓丽．关于沟通满意度以及影响的因子分析和实证研究．管理评论，2005，17（6）：30-34.
［33］石冠峰，梁鹏．知识型员工工作自主性对建言行为的影响——领导正直度被中介的调节模型构建与检验．科技进步与对策，2016，33（6）：135-141.
［34］时勘，高利苹，曲如杰．员工进谏的影响作用探究．心理与行为研究，2013，11：217-222.
［35］佟丽君，吕娜．组织公正、心理授权与员工进谏行为的关系研究．心理科学，2009（5）：1067-1069.
［36］汪林，储小平，黄嘉欣，陈戈．与高层领导的关系对经理人“进谏”的影响机制——来自本土家族企业的经验证据．管理世界，2010（5）：108-117.
［37］王国猛，张译涵．家长式领导与员工进谏行为：组织认同的中介作用研究．兰州商学院学报，2013（5）：46-50.
［38］王沛，陈淑娟．组织心理所有权与工作态度和工作行为的关系．心理科学进展，2005，13（6）：774-779.
［39］王庆娟，张金成．工作场所的儒家传统价值观：理论、测量与效度检验．南开管理评论，2012，15（4）：77-97.
［40］魏昕，张志学．组织中为什么缺乏抑制性建言．管理世界，

2010（10）：99-109.
[41] 谢章澍，杨志蓉．创新共同体：企业全员创新模式的新探索．科学学研究，2006，24（5）：775-779.
[42] 严丹．辱虐管理对员工建言行为影响的实证研究．广州：华南理工大学工商管理学院，2011.
[43] 严丹．上级辱虐管理对员工建言行为的影响——来自制造型企业的证据．管理科学，2012，25（2）：41-50.
[44] 杨中芳．传统文化与社会科学结合之实例：中庸的社会心理学研究．中国人民大学学报，2009，23（3）：53-60.
[45] 于海波，郑晓明，李永瑞．家长式领导对组织学习的作用——基于家长式领导三元理论的观点．管理世界，2009，6（5）：664-670.
[46] 张桂平，廖建桥．用圈子文化管理员工沉默行为．中国人力资源开发，2009（6）：29-31.
[47] 郑伯埙，黄敏萍．华人企业组织的领导：一项文化价值的分析．中山管理评论，2000，8：583-617.
[48] 郑伯埙，周丽芳，樊景立．家长式领导：三元模式的建构与测量．本土心理学研究，2000，14：3-64.
[49] 郑伯埙．家长权威与领导行为之关系：一个台湾民营企业主持人的个案研究．中央研究院民族学研究所集刊，1995，79，119-173.
[50] 郑晓涛，柯江林，石金涛，郑兴山．中国背景下员工沉默的测量以及信任对其的影响．心理学报，2008，40（2）：219-227.
[51] 郑晓涛，石金涛，郑兴山．员工沉默的研究综述．经济管理，2009（3）：132-135.
[52] 郑晓涛，郑兴山．三种社会交换关系对不同维度员工沉默的影响．华东经济管理，2013（10）：130-136.
[53] 周浩，龙立荣．变革型领导对下属进谏行为的影响：组织心理所有权与传统性的作用．心理学报，2012，44（3）：388-399.
[54] 周建涛．谦逊领导与员工建言：一个中介-调节模型．中国人力资源开发，2016（5）：34-40.

[55] 邹竹峰，杨紫鹏．真实型领导对员工建言行为的影响——建言效能感与领导-部属交换的作用．中国人力资源开发，2013(21)：41-51.

[56] Adams, J. S. Inequity in social exchange. Advances in experimental social psychology, 1965, 2 (4): 267-299.

[57] Anderson, C., Galinsky, A. D. Power, optimism, and risk-taking. European Journal of Social Psychology, 2006, 36 (4): 511-536.

[58] Ashforth, B. E., Harrison, S. H., Corley, K. G. Identification in Organizations: An Examination of Four Fundamental Questions. Journal of Management, 2008, 34 (3): 325-374.

[59] Avey, J. B., Avolio, B. F., et al. Psychological ownership: theoretical extensions, measurement, and relation to work outcomes. Journal of Organizational Behavior, 2009, 30 (2): 173-191.

[60] Bandura, A. Self-efficacy: Toward a unifying theory of behavioral change. Psychological Review, 1977, 84 (2): 191-215.

[61] Bandura, A. Social foundations of thought and action: A social cognitive theory. Prentice-Hall, 1986, 12 (1): 169-171.

[62] Barry, B. Review article: "exit, voice, and loyalty". British Journal of Political Science, 1974, 4 (1): 79-107.

[63] Bass, B. M., Avolio, B. J. Multifactor Leadership Questionnaire-Raters Form. PaloAlto, C. A. Consulting Psychologists Press, 1989.

[64] Bass, B. M. Leadership and Performance beyond Expectations. Academy of Management Review, 1987, 12 (4): 5244-5247.

[65] Baumeister, Roy, F., Leary, Mark, R. The need to belong: Desire for interpersonal attachments as a fundamental human motivation. Psychological Bulletin, 1995, 117 (3): 497-529.

[66] Bies, R. J., Tripp, T. M. Two Faces of the Powerless Coping with tyranny in organizations//R. M. Kramer, M. A. Neale. Power and

Influence in Organization. London: Sage, 1998: 203-219.

[67] Blau, P. M. Exchange and power in social life. Transaction Publishers, 1964.

[68] Botero, V. D. Employee voice behavior: Interactive effects of LMX and power distance in the United States and Colombia. Journal of Applied Psychology, 2009, 23 (1): 84-104.

[69] Brinsfield, C. T. Employee silence motives: Investigation of dimensionality and development of measures. Journal of Organizational Behavior, 2013, 34 (5): 671-697.

[70] Bugental, D. B., Lewis, J. C. The paradoxical misuse of power by those who see themselves as powerless: How does it happen. Journal of Social Issues, 1999, 55 (1): 51-64.

[71] Burke, P. J., Reitzes, D. C. Anidentity theory approach to commitment. Social Psychology Quarterly, 1991, 54 (3): 239-251.

[72] Burris, E. R., Detert, J. R., Romney, A. C. Speaking Up vs. Being Heard: The Disagreement Around and Outcomes of Employee Voice. Organization Science, 2013, 24 (1): 22-38.

[73] Burris, E. R., Detert, J. R., Chiaburu, D. S. Quitting before leaving: the mediating effects of psychological attachment and detachment on voice. Journal of Applied Psychology, 2008, 93 (4): 912-922.

[74] Burris, E. R. The risks and rewards of speaking up: Managerial responses to employee voice. Academy of Management Journal, 2012, 55 (4): 851-875.

[75] Chen, C. C., Chen, Y. R., Xin, K. Guanxi practices and trust in management: A procedural justice perspective. Organization Science, 2004, 15 (2): 200-209.

[76] Chen, Z. X., Aryee, S. Delegation and employee work outcomes: An examination of the cultural context of mediating processes in China. Academy of Management Journal, 2007, 50

(1): 226-238.

[77] Chen, Z. X., Francesco, A. M. The relationship between the three components of commitment and employee performance in China. Journal of Vocational Behavior, 2003, 62 (3): 490-510.

[78] Cheng, B., Chou, L. F., Farh, J. Paternalistic leadership scale: Construction and measurement of triad model (in Chinese). Indigenous Psycho Logical Research in Chinese SOC, 2000, 14, 3-64.

[79] Cheng, B., Chou, L. F., Huang, M. P., et al. Paternalistic leadership and subordinate responses: Establishing a leadership model in Chinese organizations. Asian Journal of Social Psychology, 2004, 7 (1): 89-117.

[80] Cheng, B. S., Jiang, D. Y., Riley, J. H. Organizational Commitment, Supervisory Commitment, and Employee Outcomes in the Chinese Context: Proximal Hypothesis or Global Hypothesis. Journal of Organizational Behavior, 2003, 24 (3): 313-334.

[81] Cheng, B. S., et al. Paternalistic leadership and its effectiveness: evidence from Chinese organizational teams. Journal of Psychology in Chinese Societies, 2002, 3 (1): 85-112.

[82] Chiaburu, D. S. Marinova, S. V. Should I do it or not? An initial model of cognitive processes predicting voice behaviors. Academy of Management Proceedings, 2008, 6: 127-158.

[83] Choi, J. N. Change-oriented organizational citizenship behavior: Effects of work environment characteristics and intervening psychological processes. Journal of Organizational Behavior, 2007, 28 (28): 467-484.

[84] Cole, BrianL, Hopkins, B. L. Manipulations of the relationship between reported self-efficacy and performance. Journal of Organizational Behavior Management, 2008, 15 (1): 95-135.

[85] Colquitt, J. A., LePine, J. A., Piccolo, R. F., Zapata, C. P., Rich, B. L. Explaining the justice-performance relationship: Trust as exchange deepener or trust as uncertainty reducer. Journal of Applied Psychology, 2012, 97 (1): 1-15.

[86] Colquitt, J. A., Scott, B. A., Rodell, J. B., Long, D. M., Zapata, C. P., Conlon, D. E., Wesson, M. J. Justice at the millennium, a decade later: A meta-analytic test of social exchange and affect-based perspectives. Journal of Applied Psychology, 2013, 98 (2): 199-236.

[87] Colquitt, J. A. On the dimensionality of organizational justice: A construct validation of a measure. Journal of Applied Psychology, 2001, 86 (3): 386-400.

[88] Conger, J. A., Kanungo, R. N. Charismatic Leadership: The Elusive Factorin Organizational Effectiveness. Administrative Science Quartely, 1900, 35 (4): 86-90.

[89] Cronbach, L. J. Meehl, P. E. Construct validity in psychological tests. Psychological bulletin, 1955, 52 (4): 281-302.

[90] Cropanzano, R., Mitchell, M. S. Social Exchange Theory: An Interdisciplinary Review. Journal of Management, 2005, 31 (6): 874-900.

[91] Dalal, R. S. A metal-analysis of the relationship between organizational citizenship behavior and counterproductive work behavior. Journal of applied psychology, 2005, 90 (6): 1241.

[92] Detert, J. R., Edmondson, A. C. Implicit voice theories: Taken-for-granted rules of self-censorship at work. Academy of Management Journal, 2011, 54 (3): 461-488.

[93] Detert, J. R., Burris, E. R. Leadership behavior and employee voice: Is the door really open. Academy of Management Journal, 2007, 50 (50): 869-884.

[94] Duan, J., W. Lam, Jian, A. Z. Leadership justice, negative organizational behaviors, and the mediating effect of affective

commitment. Social Behavior and Personality: An international journal, 2010, 38 (9): 1287-1296.

[95] Dunegan, K. J. Duchon, D., et al. Examining the link between leader member exchange and subordinate performance: The role of task analyzability and variety as moderators. Journal of Management, 1992, 18 (1): 59-76.

[96] Dyne, L. V., Pierce, J. L. Psychological ownership and feelings of possession: Three field studies predicting employee attitudes and organizational citizenship behavior. Journal of Organizational Behavior, 2004, 25 (4): 439-459.

[97] Edmondson, A. Psychological safety and learning behavior in work teams. Administrative science quarterly, 1999, 44 (2): 350-383.

[98] Edmondson, A. C. Speaking up in the operating room: How team leaders promote learning in interdisciplinary action teams. Journal of Management Studies, 2003, 40 (6): 1419-1452.

[99] Edward, E Jones, Robert G. Jones, Kenneth J. Gergen. Some conditions affecting the evaluation of a conformist. Journal of Personality, 1963, 31 (31): 270-288.

[100] Edwards, M. R., Peccei, R. Perceived Organizational Support, Organizational Identification, and Employee Outcomes: Testing a Simultaneous Multifoci Model. Journal of Personnel Psychology, 2010, 9 (1): 17-26.

[101] Ehtiyar, R. Yanardağ, M. Organizational silence: A survey on employees working in a chain hotel. Tourism and Hospitality Management, 2008, 14: 51-68.

[102] Elliot, A. J. Devine, P. G. On the motivational nature of cognitive dissonance: Dissonance as psychological discomfort. Journal of Personality and Social Psychology, 1994, 67 (3): 382-394.

[103] Ellis, J. B. Dyne, L. V. Voice and silence as observer reactions

to defensive voice: Predictions based on communication competence theory. Voice and silence in organizations, 2009, 15: 37-61.

[104] Farh, J. L., Liang, J. Individual-level cultural values as moderators of perceived organizational support-employee outcome relationships in China: Comparing the effects of power distance and traditionality. Academy of Management Journal, 2007, 50 (3): 715-729.

[105] Farh, J. L., Tsui, A. S., Xin, K., Cheng, B. S. The influence of relational demography and guanxi: The Chinese case. Organization Science, 1998, 9 (4): 471-488.

[106] Fast, N. J. Power, incompetenceandhubris. Unpublished doctorial dissertation, Stanford University, 2009.

[107] Fay,D. Sonnentag, S. Alookback to move ahead: New directions for research onproactive performance and other discretionary work behaviours. Applied Psychology, 2010, 59 (1): 1-20.

[108] Felfe, J. Yan, W. The impact of individual collectivism on commitment and its influence on organizational citizenship behaviour and turnover in three countries. International Journal of Cross Cultural Management, 2008, 8 (2): 211-237.

[109] Floyd, S. W., Wooldridge, B. Dinosaurs or dynamos? Recognizing middle management's strategic role. The Academy of Management Executive, 1994, 8 (4): 47-57.

[110] Fredrickson, B. L. The role of positive emotions in positive psychology: The broaden-and-build theory of positive emotions. American Psychologist, 2001, 56 (3): 218-226.

[111] Fuller,J. B., Barnett, T., Hester, K., Relyea, C., Frey, L. An exploratory examination of voice behavior from an impression management perspective. Journal of Managerial Issues, 2007, 19 (1): 134-151.

[112] Furby, L. Understanding thepsychology of possession and

ownership: Apersonal memoirandan appraisal of our progress. Journal of Social Behavior and Personality, 1991, 6 (6): 457-463.

[113] Galinsky, A. D., Gruenfeld, D. H., Magee, J. C. From powerto action. Journal of Personality and Social Psychology, 2003, 85: 453-466.

[114] Gao, L., Janssen, O., Shi, K. Leader Trust and Employee Voice: The Moderating Role of Empowering Leader Behaviors. The Leadership Quarterly, 2011, 22 (4): 787-798.

[115] Gerald R. Salancik, Jeffrey Pfeffer. Uncertainty, Secrecy, and the Choice of Similar Others. Social Psychology, 1978, 41 (3): 246-255.

[116] Gouldner, A. W. The norm of reciprocity: A preliminary statement. American Sociological Review, 1959, 25 (2): 161-178.

[117] Gunsberg, L., Tylim, I. Ownership of the body and mind: Developmental considerations for adult psychoanalytic treatment. Psychoanalytic Review, 1995, 82 (2): 257-266.

[118] Hagedoorn, M., et al. Employees' Reactions to Problematic Events: A circumplex structure of Five Categories of Responses, and the Role of Job Satisfaction. Journal of Organizational Behavior, 1999, 20 (3): 309-321.

[119] Haidt, J., Rodin, J. Control and efficacy as interdisciplinary bridges. Review of General Psychology, 1999, 3 (4): 317-337.

[120] Hirschman, A. O. Exit, Voice and Loyalty: Responses to Decline in Firms, Organizations, An States, Cambridge. Harvard University Press, 1970.

[121] Hofstede, G., Hofstede, G. J. Cultures and organizations: Software of the mind, Citeseer. Journal of Cardiovascular Electrophysiology, 1991, 6: 55-68.

[122] Hofstede, G. Cultural constraints in management theories. The

Academy of Management Executive, 1993, 7 (1): 81-94.

[123] Ho,V. T. , Wong, S. S. , Lee, C. H. A taleofpassion: linking job passion and cognitive Engagement to Employee Workperformance. Journal of Management Studies, 2011, 48 (1): 26-47.

[124] Howell, J. M. , Shamir, E. The role of follower in the charismatic leadership process: Relationships and their consequences. Academy of Management Review, 2005, 30 (1): 96-112.

[125] Janssen, O. , Vries, T. D. , Cozijnsen, A. J. Voicing by Adapting and Innovating Employees: An Empirical Study on How Personality and Environment Interact to Affect Voice Behavior. Human Relations, 1998, 51 (7): 945-967.

[126] Janssen,Vries T' Cozijnsen A J. Voice by adapt and innovate employees: An empirical study on how interpersonal and environmental interact to affective voice behavior, Human Relations, 1998, 7: 44-69.

[127] Jehn,K. A. , Shah, P. P. Interpersonal relationships and task performance: An examination of mediation processes in friendship and acquaintance groups. Journal of Personality and Social Psychology, 1997, 72 (4): 775-790.

[128] Johannesen, R. L. The functions of silence: A plea for communication research. Western Speech, 1974, 38 (1): 25-35.

[129] Kahn, W. A. Psychological conditions of personal engagement and disengagement at work. Academy of Management Journal, 1990, 33 (4): 692-724.

[130] Keltner, D. , Gruenfeld, D. H. , Anderson, C. Power, approach, and inhibition. Psychological Review, 2003, 110 (2): 265-284.

[131] Khazanchi, S. , Masterson, S. S. Who and What Is Fair

Matters: A MultiFoci Social Exchange Model of Creativity. Journal of Organizational Behavior, 2011, 32 (1): 86-106.

[132] Kish-Gephart, J. J., Detert, J. R., et al. Silenced by fear: The nature, sources, and consequences of fear at work. Research in Organizational Behavior, 2009, 29: 163-193.

[133] Knoll, M., Dick, R. V. Do I hear the whistle ...? A first attempt to measure four forms of employee silence and their correlates. Journal of Business Ethics, 2013, 113 (2): 349-362.

[134] Lavelle, J. J., Rupp D. E., Brockner, J. Taking a Multifoci Approach to the Study of Justice, Social Exchange, and Citizenship Behavior: The target Similarity Mode. Journal of Management, 2007, 33 (6): 841-866.

[135] Lee, C., Pillutla, M. Power-distance, gender and organizational justice. Journal of Management, 2000, 26 (4): 685-704.

[136] LePine, J. A., Dyne, L. V. Predicting voice behavior in work groups. Journal of Applied Psychology, 1998, 83 (6): 853-868.

[137] LePine, J. A., Dyne, L. V. Voice and cooperative behavior as contrasting forms of contextual performance: evidence of differential relationships with big five personality characteristics and cognitive ability. Journal of Applied Psychology, 2001, 86 (2): 326-336.

[138] Leventhal, G. S., Karuza, J., Fry, W. R. Beyond fairness: A theory of allocation preferences. Justice and Social Interaction, 1980, 3: 167-218.

[139] Liang, J., Farh, C. I. Psychological antecedents of promotive and prohibitive voice: A two-wave examination. Academy of Management Journal, 2012, 55 (1): 71-92.

[140] Liang, J., Tang, J. A multi-level study of employeevoice: Evidence from a chain of retail stores in China. Nankai Business Review, 2009, 12 (3): 125-134.

[141] Lin, C., Hsiung, H., Lin, M. The Antecedents and Outcomes of Psychological Ownership: The Case Study of the Privatization of Chung Hsiung Paper Corporation. Journal of Human Resource Management, 2003, 3: 57-79.

[142] Linn Van Dyne, Soon Ang, Isabel C. Botero. Conceptualizing Employee Silence and Employee Voice as Multidimensional Constructs. Journal of Management Studies, 2003, 40 (6): 1359-1392.

[143] Liu, W., Zhu, R. H., Yang, Y. K. I warn you because I like you: Voice behavior, employee identifications, and transformational leadership. Leadership Quarterly, 2010, 21 (1): 189-202.

[144] Luthans, F., Avolio, B. J. Authentic Leadership: A Positive Developmental Approach//Cameron, K. S., Dutton, J. E., Quinn, R. E. Positive Organizational Scholarship. San Francisco: Barrett-Koehler, 2013.

[145] March, J. G. Exploration and exploitation in organizational learning. Organization Science, 1991, 2 (1): 71-87.

[146] Martinko, M. J., Harvey, P., Brees, J. R., Mackey, J. A review of abusive supervision research. Journal of Organizational Behavior, 2013, 34 (S1): 120-137.

[147] McClelland, D. C., Boyatzis, R. E. Leadership motive pattemand long-term success in management. Journal of Applied Psychology, 1982, 67 (6): 737-743.

[148] McCauley, D. P., Kuhnert, K. W. A theoretical review and empirical investigation of employee trust in management. Public Administration Quarterly, 1992, 16 (2): 265-284.

[149] McClean, E. J., Burris, E. R., Detert, J. R. When does voice

lead to exit? It depends on leadership. Academy of Management Journal, 2013, 56 (2): 525-548.

[150] Melburg, V., Rosenfeld, P., Riess, M., Tedeschi, J. T. A reexamination of the empathic observers paradigm for the study of divergent attributions. Journal of Social Psychology, 1984, 124 (2): 201-208.

[151] Michael Frese, Eric Teng. Helping to improve suggestion systems: Predictors of making suggestions in companies. Journal of Organizational Behavior, 1997, 20 (7): 1139-1155.

[152] Miller, J. G. Living systems: The organization. Behavioral Science, 1972, 17 (1): 1-82.

[153] Morrison, E. W., Milliken, F. J. Organizational silence: A barrier to change and development in a pluralistic world. Academy of Management Review, 2000, 25 (4): 706-731.

[154] Morrison, E. W., Wheeler-Smith, S. L., Kamdar, D. Speaking up in group: A cross-level study of group voice climate and voice. Journal of Applied Psychology, 2011, 96 (1): 183-191.

[155] Morrison, E. W., Milliken, F. J. Organizational silence: A barrier to change and development in a pluralistic world. Academy of Management Review, 2000, 25 (4): 706-725.

[156] Morrison, E. W., Helps, C. C. Taking charge at work: Extra role efforts to initiate workplace change. The Academy of Management Journal, 1999, 42 (4): 403-419.

[157] Motowidlo, S. J., Borrman, W. C., Schmit, M. J. A theory of individual differences in task and contextual performance. Human Performance, 1997, 10 (2): 71-83.

[158] Nemeth, C. J. Managing innovation: When less is more. California management review, 1997, 40 (1): 59-74.

[159] Nikolaou, I., Vakola, M., Bourantas, D. Who speaks up at work? Dispositional influences on employees' voice behavior. Personnel Review, 2008, 37 (6): 666-679.

[160] Ou,Y., Tsui, A. S., Kinicki, A. J., Waldman, D. A. CEO Humility and itsRelationship with middle manager Behaviors and Performance: Examining the ceo-middle manager Interface. Doctorial Dissertation, Arizona State University, 2011.

[161] Owens, B. P., Hekman, D. R. Modeling How to Grow: An Inductive Examination of Humble Leader Behavior, Contingencies, and Outcomes. Academy of Management Journal, 2012, 55 (4): 10-25.

[162] Pierce, J. L., Kostova, T., Dirks, K. T. The state of psychological ownership: Integrating and extending a century of research. Review of General Psychology, 2003, 7 (1): 84-107.

[163] Pierce,J. L., Kostova, T., Dirks, K. T. Toward a theory of psychological ownership inorganizations. Academy of Management Review, 2001, 26 (2): 298-310.

[164] Pinder,C. C., K. P. Harlos. Employee silence: Quiescence and acquiescence as responses to perceived injustice. Research in Personnel and Human Resources Management, 2001, 20: 331-370.

[165] Premeaux, S. F., Bedeian, A. G. Breaking the silence: The moderating effects of self-monitoring in predicting speaking up in the workplace. Journal of Management Studies, 2003, 40 (40): 1537-1562.

[166] Redding, S. G. The spirit ofchiness capitalism. New York: Walterde Gruyter, 1990.

[167] Rhoades,L., Eisenberger, R. Perceived organizational support: A review of the literature. Journal of Applied Psychology, 2002, 87 (4): 698-714.

[168] Robert,W., Albert, B. Social cognitive theory of organizational management. The Academy of Management Review, 1989, 14 (3): 361-384.

[169] Sandy J. Wayne, Lynn M. Shore, Robert C. Liden. Perceived organizational support and leader-member exchange: A social exchange perspective. Academy of Management Journal, 1997, 40 (1): 82-111.

[170] Scott, S. G., Bruce, R. A. Determinants of innovative behavior: A path model of individual innovation in the workplace. Academy of management journal, 1994, 37 (3): 580-607.

[171] Senge, P. M. The fifth discipline: The art and practice of the learning organization. London: Random House, 1990.

[172] Silin, R. H. Leadership and value: The organiztion oflarge-scale Taiwan enterprises. Cambridge, MA: Harvard University Press, 1977.

[173] Spector, P. E., Fox, S. An emotion-centered model of voluntary work behavior: Some parallels between counter productive work behavior and organizational citizenship behavior. Human Resource Management Review, 2002, 12 (2): 269-292.

[174] Tangirala, S., Ramanujam, R. Exploring nonlinearity in employee Voice: The effects of personal control and organizational identification. Academy of Management Journal, 2008, 51 (6): 1189-1203.

[175] Tangirala, S., Ramanujam, R. Employee silence on critical work issues: The cross level effects of procedural justice climate. Personnel Psychology, 2008, 61 (1): 37-68.

[176] Tepper, B. J. Consequences of abusive supervision. Academy of Management Journal, 2000, 43 (2): 178-190.

[177] Vakola, M., Bouradas, D. Antecedents and consequences of organisational silence: An empirical investigation. Employee Relations, 2005, 27 (5): 441-458.

[178] Vallernd, R. J., Salvy, S. J., Mageau, G. A., et al. On the role of passion in performance. Journal of Personality, 2007, 75 (3): 505-534.

[179] Vande,E. , VANDER, G. Break the Silence: Do management openness and employee involvement raise employee voice worldwide. Academy of Management Proceedings, 2003, 40: 1537-1567.

[180] Dyne, L. V. , Cummings, L. L. , Parks, J. M. Extra-role behaviors: In pursuit of construct and definitional clarity// Staw, B. W. , Cummings, L. L. Research in organizational behavior. Greenwich: CT: JAI Press, 1995: 215-285.

[181] Dyne, L. V. , Kamdar, D. , Joireman, J. In-Role perceptions buffer the negative impact of low LMX on helping and enhance the positive impact of high LMX on voice. Journal of Applied Psychology, 2008, 93 (6): 1195-1207.

[182] Van Dyne, Jeffrey A. LePine. Helping and voice extra-role behaviors: Evidence of construct and predictive validity. Academy of Management Journal, 1998, 41 (1): 108-119.

[183] Dyne, L. V. , Pierce. J. L. Psychological ownership and feelings of possession: Three field studies predicting employee attitudes and organizational citizenship behavior. Journal of Organizational Behavior, 2004, 25 (4): 439-459.

[184] Vandewalle, D, VanDyneL, Kostova, T. Psychological ownership: An empirical examination of its consequences. Group and Organization Management, 1995, 20 (2): 210-226.

[185] Wagner, S. H. , Parker, C. P. , Christiansen, N. D. Employees that think and act like owners: Effects of ownership beliefs and behaviors on organizational effectiveness. Personnel Psychology, 2003, 56 (4): 847-871.

[186] Wagner, S. H. Antecedents and consequences of employees thinking and acting like owners of the business. Dissertation Abstracts International, 2000, 61: 5039.

[187] Walumbwa, F. O. , Schaubroeck, J. Leader personality traits and employee voice behavior: Mediating roles of ethical

leadership and work group psychological safety. Journal of Applied Psychology, 2009, 94 (5): 1275-1286.

[188] Wang, H., Tsui, A. S., Xin, K. R. CEO leadership behaviors, organizational performance, and employees' attitudes. The Leadership Quarterly, 2011, 22 (1): 92-105.

[189] Whiting, S. W., Maynes, T. D., Podsakoff, N. P., Podsakoff, P. M. Effects of message, source, and contexton evaluations of employee voice behavior. Journal of Applied Psychology, 2012, 97 (1): 159-182.

[190] Whiting, S. W., Podsakoff, P. M., Pierce, J. R. Effects of task performance, helping, voice, and organizational loyalty on performance appraisal ratings. Journal of Applied Psychology, 2008, 93 (1): 125-139.

[191] Xu Huang. Breaking the silence culture: Stimulation of participation and employee opinion withholding cross-nationally. Management and Organization Review, 2005, 1 (3): 459-482.

[192] Yang, K. S., Yu, A. B., Yeh, M. H. Chinese individual modernity and traditionality: Construct definition and measurement. The Interdisciplinary conference on Chinese psychology and behavior, 1989.

[193] Zhou, J., George, J. M. When job dissatisfaction leads to creativity: Encouraging the expression of voice. Academy of Management Journal, 2001, 44 (4): 682-696.

附　录　I

家长式领导与员工进谏行为的问卷调查

尊敬的朋友：

您好！非常感谢您在百忙之中抽出时间填写这份问卷。本研究的目的在于了解当前企业中家长式领导行为对员工进谏行为的影响。本调查采用匿名方式，调查的结果只用于学术研究，我们会对您的答案严格保密。**请您根据所在单位和个人的实际情况进行作答。您的答案没有正误之分，您的真实感受就是最好的回答。**

再次对您的作答表示真诚的谢意！祝您身体健康、工作顺利！

基本信息部分（仅用于统计，请您完整填答）请根据您的个人情况，在适合的选项上打“√”。

1. 性别	A. 男	B. 女		
2. 年龄	A. 25 岁以下	B. 26~35 岁	C. 36~45 岁	D. 46 岁及以上
3. 工作经验	A. 1 年以下	B. 2~3 年	C. 4~5 年	D. 6 年以上
4. 职务	A. 普通员工	B. 基层管理者	C. 中层管理者	D. 高层管理者
5. 单位规模	A. 50 人及以下	B. 51~100 人	C. 101~500 人	D. 501 人及以上

一、下面是**对您的直接上级（领导）的描述**，请您将下列描述与您的真实情况或感受进行比较，在您认为适当的数字上打“√”。

1-非常不同意；2-不同意；3-一般；4-同意；5-非常同意						
1	他（她）关怀我个人的生活情况	1	2	3	4	5
2	他（她）平常会对我嘘寒问暖	1	2	3	4	5
3	当我的工作、生活碰到难题时，他（她）会及时给我鼓励	1	2	3	4	5
4	当我有急难时，他（她）会及时伸出援助之手	1	2	3	4	5
5	对相处较久的下属，他（她）会给予细致周到的照顾	1	2	3	4	5
6	他（她）为人正派，不会假公济私	1	2	3	4	5
7	他（她）不会因个人的利益去拉关系、走后门	1	2	3	4	5
8	工作中，他（她）能够以身作则	1	2	3	4	5
9	他（她）是我做人做事的好榜样	1	2	3	4	5
10	工作出纰漏时，他（她）会把责任推得一干二净	1	2	3	4	5
11	他（她）要求我们完全服从他（她）的领导	1	2	3	4	5
12	他（她）要求部属必须对他言听计从	1	2	3	4	5
13	工作中，大小事情都由他（她）独自决定	1	2	3	4	5
14	开会时，都是照他（她）的意思作最后的决定	1	2	3	4	5
15	与他（她）一起工作时，他（她）给我很大的压力	1	2	3	4	5

二、在下列**个人行为**中，请依据**您在工作中的真实情况**，在相应的数字上划“✓”。

1-非常不同意；2-不同意；3-一般；4-同意；5-非常同意						
1	对影响工作群体的问题，我会指出来并提供建议	1	2	3	4	5
2	即使我的观点和本部门同事不同，且同事不赞同我的观点，我也会和他们交流我对工作问题的想法	1	2	3	4	5
3	我会劝说、鼓励本部门的同事参与到影响群体的议题中	1	2	3	4	5
4	当我的观点可能对部门有所帮助时，我会尽量让大家都知道	1	2	3	4	5
5	我积极参与到会影响部门工作生活质量的议题中	1	2	3	4	5
6	在本部门中，我会为新项目或改革在程序上提供建议	1	2	3	4	5

三、下面题项是**对您个人及目前工作单位**的一些陈述，请按照每项陈述与您自己的实际情况在相应的数字上划“✓”。

1-非常不同意；2-不同意；3-一般；4-同意；5-非常同意						
1	我认为公司的问题就是我的问题	1	2	3	4	5
2	当有人称赞公司时，我会觉得很光荣	1	2	3	4	5
3	我很在意别人对公司的看法	1	2	3	4	5
4	我对我们公司有很强的归属感	1	2	3	4	5
5	我很乐意长期留在我们公司工作	1	2	3	4	5
6	对我而言，我所在的公司具有非比寻常的意义	1	2	3	4	5
7	我觉得我是公司这个大家庭中的一分子	1	2	3	4	5

四、以下问题是**您在工作中的一些感受**。请您根据自己真实感受，在相应的数字上划“✓”。

1-非常不同意；2-不同意；3-一般；4-同意；5-非常同意						
1	在我单位中说真话是安全的	1	2	3	4	5
2	我指出单位中存在的问题（包含严重问题）是不会受到惩罚的	1	2	3	4	5
3	犯错误是能够被我所在单位容忍或接受的	1	2	3	4	5

附 录 II

上下级关系与员工沉默行为的问卷调查

尊敬的先生/女士：

您好！我们正在进行关于中国企业员工沉默行为的调查研究。诚挚地邀请您于百忙中完成这份问卷。**数据仅作为学术研究使用，所有资料将严格保密，不记名，无对错之分，您的回答不会对个人和所在单位产生任何影响，敬请放心填答。请您仔细阅读各部分的说明，真实地表达您的感受，注意不要漏答。**衷心感谢您的帮助与支持！

第一部分：个人基本信息	
1. 性别	A. 男　B. 女
2. 年龄	A. 25 岁以下　B. 26~35 岁　C. 36~45 岁　D. 46 岁以上
3. 学历	A. 高中/中专/职专及以下　B. 大专　C. 大学本科　D. 研究生及以上
4. 工作年限	A. 1 年以下　B. 2~3 年　C. 4~5 年　D. 6 年以上
5. 职位	A. 普通员工　B. 基层管理者　C. 中层管理者　D. 高层管理者
6. 单位性质	A. 国有　B. 公务员系统及事业单位　C. 民营　D. 外资
7. 部门规模	A. 5 人及以下　B. 6~10 人　C. 11~15 人　D. 16 人及以上
8. 单位规模	A. 50 人及以下　B. 51~100 人　C. 101~500 人　D. 501 人及以上

续表

第二部分：上下级关系（Supervisor-Subordinate Guanxi）

在下列问题的表述中，请依据您与直接上级的关系，在相应的数字上打“✓”。

非常不同意------- 非常同意

1. 我与上级是无话不谈的朋友	1　2　3　4　5　6
2. 我与上级分享彼此的想法与感受	1　2　3　4　5　6
3. 我与上级情感深厚	1　2　3　4　5　6
4. 我与上级分享彼此的高兴或悲伤	1　2　3　4　5　6
5. 我与上级是好朋友，经常相互帮忙	1　2　3　4　5　6
6. 我与上级的关系是一种利益交换关系	1　2　3　4　5　6
7. 我与上级的关系建立在物质利益的基础上，当上级给予我好处时，我就会追随上级的原意	1　2　3　4　5　6
8. 我与上级的关系是基于实质利益的，上级是我的衣食父母，所以我要听从上级的命令	1　2　3　4　5　6
9. 我与上级是亲兄弟明算账，我工作的努力程度取决于上级给我的奖励	1　2　3　4　5　6
10. 我与上级的关系讲求互利，除非他给予我额外的好处，否则我并不需要为他多做些什么	1　2　3　4　5　6
11. 上级就像我的长辈，不论他怎么做，我都应该要服从他的命令	1　2　3　4　5　6
12. 我与上级的关系符合上下有别的原则，即做下级的应该听命于上级	1　2　3　4　5　6
13. 我与上级的关系，就如同子女与父母，因此我应该服从上级的领导	1　2　3　4　5　6
14. 在上下关系中，下级有义务和责任服从上级的领导	1　2　3　4　5　6

续表

第三部分：员工沉默行为（Employee Silence Behavior） 非常不同意------- 非常同意						
1. 领导基本已经决定了，自己的意见不会起太多作用	1	2	3	4	5	6
2. 我的建议不会影响现行的状况	1	2	3	4	5	6
3. 领导采纳我建议的可能性很小	1	2	3	4	5	6
4. 领导不会更改一些决定，提的建议没有很大的意义	1	2	3	4	5	6
5. 担心会影响同事间的人际关系，对于他人工作中的欠缺和疏忽选择沉默	1	2	3	4	5	6
6. 还是收敛一下，不要提出我的看法，以免成为众矢之的	1	2	3	4	5	6
7. 没有必要得罪领导和同事	1	2	3	4	5	6
8. 我和大家关系都不错，碍于面子，还是不要提意见	1	2	3	4	5	6
9. 别人的事情和我没有关系，无所谓	1	2	3	4	5	6
10. 我对企业的事情不关心，无所谓	1	2	3	4	5	6
11. 采用中庸之道，不多说也就没有太多责任	1	2	3	4	5	6
12. 我对企业感情不深，没必要说	1	2	3	4	5	6
第四部分：组织沉默氛围（Silence Climate） 非常不同意------- 非常同意						
1. 如果我对组织事务表示出有异议，我会被组织高管认为是“麻烦制造者”	1	2	3	4	5	6
2. 如果我对组织事务发表异议，我可能会遭受来自高管的不利后果	1	2	3	4	5	6
3. 如果我对组织事务表示出有异议，高管会认为我对公司缺乏忠诚	1	2	3	4	5	6
4. 我认为我的上级能够有效地处理好与他人的冲突	1	2	3	4	5	6
5. 我认为我的上级很关注他人提出的意见	1	2	3	4	5	6
6. 我认为我的上级期望他人提出批评意见	1	2	3	4	5	6

续表

7. 我认为我的上级鼓励他人发表不同的看法	1	2	3	4	5	6
8. 我认为我的上级将他人的异议或不同意视为有用的信息	1	2	3	4	5	6
9. 我认为组织内部员工能够系统、有组织地与他人交流、分享知识与经验	1	2	3	4	5	6
10. 我认为组织中普通员工能够与高管有充分的沟通	1	2	3	4	5	6
11. 我认为组织政策改变时，公司都会与员工充分地沟通	1	2	3	4	5	6
12. 我认为员工充分了解组织的使命、计划和未来的发展	1	2	3	4	5	6

问卷到此结束，对您的协作再次表示深深的感谢！